Jörg Knoblauch

www.ziele.de

Prof. Dr. Jörg Knoblauch (Giengen) beschäftigt sich seit mehr als 30 Jahren mit dem Thema »Ziele setzen und erreichen«. Das hat ganz praktische Konsequenzen: So hat Jörg Knoblauch für »Spitzenleistungen im Wettbewerb« im Jahr 2002 den Ludwig-Erhard-Preis gewonnen. Er ist Geschäftsführender Gesellschafter der Firmen drilbox (Computergehäuse und Werkzeugkassetten), tempus (Zeitplansysteme), persolog (DISG Persönlichkeitsprofile) und tempus-Consulting (»Unternehmer beraten Unternehmen«).

Der kreative Schwabe erprobt seit über 20 Jahren in seinen Firmen zielgerichtet neue Führungsmodelle, radikale Kundenorientierung, Mitarbeiterbindung und Prozessoptimierung. Ausgezeichnet wurde Prof. Dr. Jörg Knoblauch unter anderem mit dem »Best Factory Award« für das bestgeführte Kleinunternehmen Deutschlands. Seine Bücher haben eine Gesamtauflage von über 300 000 Exemplaren.

www.ziele.de

Jörg Knoblauch

www.ziele.de

Wie Sie Schritt für Schritt Ihre Ziele erreichen

Mit einem Vorwort von Werner Tiki Küstenmacher

GABAL
management

Bibliografische Information der Deutschen Bibliothek

Die Deutsche Bibliothek verzeichnet diese Publikation in der Deutschen Nationalbibliografie; detaillierte bibliografische Informationen sind im Internet über http://dnb.ddb.de abrufbar.

ISBN 978-3-89749-563-0

Redaktion: Rommert Medienbüro, Gummersbach. rommert.de
Umschlaggestaltung: +Malsy Kommunikation und Gestaltung, Willich
Zeichnungen: Werner Tiki Küstenmacher, Gröbenzell
Satz: Rommert Medienbüro, Gummersbach
Druck: Aalexx Druck GmbH, Großburgwedel

2. Auflage 2007

www.gabal-verlag.de – Wissen für mehr Erfolg
www.gabal-shop.de

Inhalt

Vorwort
Brechen Sie auf – jetzt!

Beobachten, wundern oder bewegen

Als jemand, der sich selbst seit vielen Jahren leidenschaftlich gerne mit den Themen Zeit- und Zielmanagement befasst, möchte ich Ihnen zunächst eine Frage stellen: Was für ein Mensch sind Sie? Sind Sie jemand, der *beobachtet,* wie sich etwas bewegt? Oder jemand, der sich darüber *wundert,* wenn sich etwas bewegt? Oder gehören Sie zu denen, die *selbst etwas bewegen?*

Aus schwierigen Anfängen zum Erfolg

Der Autor dieses Buches, mein Freund Jörg Knoblauch, gehört definitiv zur letzten Gruppe. Das war aber nicht immer so. Als er vier Jahre alt war, sagte die Kindergärtnerin zu seinen Eltern: »Behalten Sie diesen Jungen besser zu Hause. Er ist zu dumm, um einen Zweizeiler auswendig zu lernen.« Als er elf Jahre alt war, sagte die Lehrerin zu seinen Eltern: »Der Junge gehört auf die Hauptschule; dass er das Gymnasium packt, ist völlig ausgeschlossen.« Im Alter von 21 Jahren wurde er von der Fachhochschule verwiesen, weil er von seiner 6 in Mathematik nicht herunterkam und das Semester gleich zweimal wiederholte.

Heute ist Jörg Knoblauch ein erfolgreicher Unternehmer und Bestsellerautor. Als Honorarprofessor unterrichtet er an verschiedenen Fachhochschulen und Universitäten.

Es begann mit dem Stecken von Zielen

Wie kommt das? Vor etwa 30 Jahren nahm sich Jörg Knoblauch Zeit, um über sein Leben nachzudenken. Er begann damit, sich messbare und machbare Ziele zu stecken. Diese Ziele verfolgte er anschließend mit verblüffendem Erfolg.

Was Jörg Knoblauch von anderen erfolgreichen Menschen unterscheidet: Er ermöglicht einen Blick hinter die Kulissen. Mit seinem Buch verschafft er uns einen Einblick in die »Mechanik«, die sich hinter erreichten Zielen verbirgt. Unabhängig von Begabung und Beruf kann jeder Leser, wenn er sich an diesem Buch orientiert, Erstaunliches erreichen.

Was Sie erwartet

In den folgenden Kapiteln erfahren Sie, wie Sie

1. aus Wünschen konkrete Ziele bilden,
2. die richtigen Ziele auswählen,
3. den Masterplan Ihres Lebens erarbeiten und realisieren,
4. mithilfe von Dreamdays den Blick für das behalten, was wirklich wichtig ist,
5. Ihre Ziele mit Leidenschaft erreichen,
6. mit Abweichungen richtig umgehen,
7. Mitstreiter einbinden, die Sie beim Erreichen Ihrer Ziele unterstützen.

Wenig Theorie, viel Praxis

Einige Bücher beschreiben spannende Techniken und Methoden, ohne erprobte Hinweise zur praktischen Anwendung zu geben. Jörg Knoblauch macht es besser. Bei ihm finden Sie nur wenig Theorie, dafür aber viel Praxis. Ich empfehle Ihnen: Machen Sie alle Übungen und probieren Sie die Tipps und Ratschläge in Ihrem Leben aus. Die Veränderungen werden deutlich spürbar sein.

In Ihnen wächst der Wunsch, sich weniger treiben zu lassen und mehr zu bewegen? Dann brechen Sie auf – jetzt!

Werner Tiki Küstenmacher
Chefredakteur des Beratungsdienstes »simplify your life«
und Weltbestsellerautor, www.simplify.de

Ein Selbsttest
Finden Sie heraus, wo Sie stehen

Bevor Sie dieses Buch lesen, können Sie den folgenden Selbsttest machen. Er verschafft Ihnen eine erste Aussage darüber, wie wirksam Sie Ihre persönlichen Ziele setzen und wie intensiv Sie daran arbeiten, Ihrem Lebenstraum näher zu kommen.

Bitte kreuzen Sie Ihre Antwort an.

1. Ich bin mir über meine Wünche im Klaren und weiß, was einen Wunsch von einem Ziel unterscheidet. □ Ja □ Nein
2. Ich kenne die für mich wichtigen Lebensbereiche und habe für jeden Bereich schriftlich Ziele festgelegt. □ Ja □ Nein
3. Ich habe eine anschauliche Vorstellung davon, wie mein Leben am Ende einmal aussehen soll und setze mir für die Horizonte meines Lebens entsprechende Ziele. □ Ja □ Nein
4. Um mein Leben zu überdenken, breche ich regelmäßig aus dem Kreislauf der täglichen Verpflichtungen aus und nehme mir Zeit für einen Dreamday. □ Ja □ Nein
5. Ich verfolge meine Ziele mit Leidenschaft und kann mich – wenn ich mal in schlechter Verfassung bin – selbst wirksam motivieren. □ Ja □ Nein
6. Bei Hindernissen, Fehltritten und Rückschlägen gebe ich nicht vorschnell auf, sondern gewinne aus dem Erlebten nützliche Erfahrungen. □ Ja □ Nein
7. Ich habe qualifizierte Mitstreiter, mit denen ich gemeinsam Ziele besser und schneller erreiche. □ Ja □ Nein

Auswertung

Wie oft haben Sie „Ja" angekreuzt?

7-mal	Sie leben bereits zielorientiert und sind darüber im Bilde, auf welche Techniken es ankommt. Sie brauchen nicht weiterzulesen und können das Buch einem guten Freund schenken.
5- bis 6-mal	Sie wissen bereits einiges darüber, wie man Ziele setzt und ihnen näher kommt. Wenn Sie dieses Buch aufmerksam durcharbeiten, werden Sie Impulse erhalten, die Sie spürbar voran bringen.
3- bis 4-mal	Bei Ihnen gibt es – wie bei vielen Menschen – verschiedene Themen, mit denen Sie sich näher befassen sollten. Dieses Buch könnte Ihnen dabei helfen, ein selbstbestimmtes und zufriedenes Leben zu führen.
1- bis 2-mal	Wenn Sie sich eingehend mit den Grundlagen der Zielsetzung befassen und mit wachen Sinnen die Übungen machen, werden Sie darüber erstaunt sein, was in Ihrem Leben alles möglich ist.

Beim Dreamday erneut ausfüllen

Wenn Sie das Buch durchgelesen und die Übungen gemacht haben, können Sie den Selbsttest erneut ausfüllen, um Ihre Fortschritte zu beurteilen. Sie können dies beispielsweise im Rahmen eines Dreamdays tun.

Schritt 1
Machen Sie aus Wünschen Ziele

»Es ist aber Naturgesetz, dass das Herz nicht ruht, bis es ans Ziel seiner Wünsche gelangt ist.« *Francesco Petrarca*

Sehnen Sie sich nach Veränderung? Ahnen Sie, dass in Ihrem Leben noch viel mehr möglich ist? Spüren Sie das Verlangen, unabhängiger und selbstbestimmter zu leben? Bemerken Sie, dass in Ihnen Hoffnungen schlummern, die erfüllt werden wollen? Wenn Sie auch nur eine dieser Fragen mit Ja beantworten, sollten Sie Ihre Wünsche nicht länger ignorieren, sondern sich systematisch mit ihnen befassen.

Am Anfang stehen Ihre Wünsche

Am Anfang dieses Kapitels steht die Beschäftigung mit Ihren Wünschen, weil Wünsche viel mit Ihrem Innersten zu tun haben, mit Ihren Hoffnungen, Interessen und Idealen, kurz: mit dem, was Ihnen wichtig ist und bewegt. Johann Wolfgang von Goethe formulierte es so: »Unsere Wünsche sind Vorgefühle der Fähigkeiten, die in uns liegen, Vorboten desjenigen, was wir zu leisten imstande sein werden.«

Schreiben Sie Ihre persönliche Wunschliste

Kribbeln im Bauch

Welche Ideen lösen bei Ihnen ein Kribbeln im Bauch aus? Was entfacht Ihre Leidenschaft? Was reizt Sie so sehr, dass Sie dazu bereit sind, Schwierigkeiten in Kauf zu nehmen und durchzuhalten, bis Sie die Hindernisse überwunden haben? Welche Wünsche bewegen Sie in Ihrem Herzen? Um diese Fragen geht es in Ihrer ersten Aufgabe.

Schreiben Sie Ihre persönliche Wunschliste

Schreiben Sie auf, was Sie einmal tun, erreichen oder besitzen wollen. Notieren Sie Ihre Wünsche so, wie sie Ihnen spontan in den Sinn kommen. Denken Sie also nicht lange über Ihre Wünsche nach.

Es reicht, wenn Sie sich für diese Aufgabe etwa fünf Minuten Zeit nehmen. Erfahrungsgemäß wird das Ergebnis nicht wesentlich besser, wenn Sie sich beispielsweise eine ganze Stunde lang an dieser Übung versuchen.

TIPP

Es zahlt sich aus, wenn Sie die Übungen nicht nur lesen, sondern tatsächlich schriftlich bearbeiten. Das Schreiben hat gleich drei Vorteile:

1. Es zwingt Sie dazu, Ihre Überlegungen klar und präzise zu formulieren. Wenn Ihre Vorstellungen stellenweise noch etwas unausgegoren sind, fällt Ihnen dies beim Schreiben am ehesten auf.
2. Das Schreiben hilft Ihnen, sich zu konzentrieren. In den Momenten des Formulierens widmen Sie sich ganz dem jeweiligen Gedanken. Dadurch gewinnt die Übung an Intensität. Und je intensiver die Übung für Sie ist, um so wirksamer ist sie.
3. Was Sie aufgeschrieben haben, hat dokumentarischen Charakter. Im Laufe der Zeit werden Sie mittels Ihrer Aufzeichnung Ihre Fortschritte erkennen.

Wünsche sind nicht an sich egoistisch

Manchen Menschen bereitet es Schwierigkeiten, ihre persönlichen Wünsche zu formulieren. Sie denken, dies sei egoistisch. Sollten auch Ihnen solche Gedanken durch den Kopf gehen, bedenken Sie: Sie können durchaus Wünsche formulieren, die sich auf das Wohl anderer Menschen richten. Sie sollten daneben aber auch Ihre eigenen Bedürfnisse ernst nehmen. In der Bibel heißt es dazu: »Liebe deinen Nächsten *wie dich selbst*« (Matthäus 22,39).

Berücksichtigen Sie Ihre Lebensbereiche

Die Wünsche hinterfragen

Bei der Übung haben Sie eben Ihre Wünsche notiert, ohne sie zu hinterfragen. Dies soll als Nächstes geschehen.

Einseitigkeit vermeiden

Schauen Sie Ihre Wunschliste einmal genauer an: Welche Wünsche ähneln sich? Ist die Wunschliste etwas einseitig? Haben Sie beispielsweise vor allem materielle Wünsche notiert wie etwa den Wunsch nach einem schnellen Auto, nach einem großen Haus oder nach einer teuren Heimkino-Anlage? Oder geht es Ihnen bei Ihren Wünschen stets um das Wohl anderer Menschen, aber kaum um Sie selbst? Mit anderen Worten: Ist Ihre persönliche Wunschliste ausgewogen?

Wenn Sie diese Frage für sich beantwortet haben, betrachten Sie Ihre Wunschliste jetzt unter dem Gesichtspunkt, auf welche Lebensbereiche sich die Wünsche beziehen. Haben Ihre Wünsche zum Beispiel vor allem mit dem beruflichen Fortkommen zu tun? Oder richten sie sich überwiegend auf Freizeitaktivitäten?

Keinen Lebensbereich vernachlässigen

Im Leben eines jeden Menschen gibt es verschiedene Bereiche, in denen seine Aufmerksamkeit und sein Engagement gefragt sind. Die große Kunst besteht darin, die Aktivitäten für diese Lebensbereiche so auszubalancieren, dass keiner vernachlässigt wird und das Leben auf lange Sicht hin gelingt.

Es kommt also beispielsweise darauf an, sich um die Gesundheit seines Körpers zu kümmern, ohne die Weiterentwicklung seines Geistes und seiner Persönlichkeit zu vernachlässigen. Ebenso ist es wichtig, an den Wünschen ideellen Charakters zu arbeiten und zugleich seine finanziellen Angelegenheiten nicht aus dem Auge zu verlieren.

Typische Lebensbereiche

Zu den Bereichen, die im Leben der meisten Menschen von Bedeutung sind, zählen

- *Familie*
  Formulieren Sie beispielsweise Wünsche in Bezug auf Ihren Partner, Ihre Kinder, Eltern und Verwandten.
- *Beruf*
  Formulieren Sie beispielsweise Wünsche in Bezug auf die Entwicklung Ihrer fachlichen, methodischen und sozialen Kompetenzen, auf laufende Projekte und zukünftige Vorhaben.
- *Gesundheit*
  Formulieren Sie beispielsweise Wünsche in Bezug auf Ihre allgemeine Fitness, Ihr Gewicht, Ihre sportlichen Aktivitäten, Ihr Aussehen und Ihre Ernährung.

- *Finanzen*
  Formulieren Sie beispielsweise Wünsche in Bezug auf Einkommenswachstum, Ersparnisse, Investitionen und Versorgung im Alter.
- *Freunde*
  Formulieren Sie beispielsweise Wünsche in Bezug auf die Pflege und Bereicherung existierender Beziehungen sowie die Erweiterung Ihres Freundeskreises.
- *Geist*
  Formulieren Sie beispielsweise Wünsche in Bezug auf Bücher, die Sie lesen möchten oder Sprachen, die Sie erlernen oder vervollkommnen wollen.
- *Gesellschaft*
  Formulieren Sie beispielsweise Wünsche in Bezug auf eine Verpflichtung, anderen Menschen mit Ihrer Zeit, Ihren Talenten, Ihrem Herzen und Ihrem Besitz zu dienen.
- *Persönlichkeit*
  Formulieren Sie beispielsweise Wünsche in Bezug auf Ihre Charakterentwicklung, die Entfaltung persönlicher Stärken und Ihre Menschenkenntnis.
- *Glaube*
  Formulieren Sie beispielsweise Wünsche in Bezug auf den Glauben, geistliches Wachstum und die Stärkung Ihrer Überzeugungen.

Ordnen Sie Ihre Wünsche verschiedenen Lebensbereichen zu

Nachdem Sie in der vorigen Übung Ihre persönliche Wunschliste erstellt haben, spüren Sie nun erneut Ihren Wünschen nach. In der Übersicht finden Sie verschiedene Lebensbereiche, die vermutlich in Ihrem Leben wichtig sind. Bereiche, die für Sie eine Rolle spielen und hier nicht aufgeführt sind, können Sie unten hinzufügen.

Sie können mit dem Ausfüllen beginnen, indem Sie Ihre Wünsche aus der Wunschliste von eben übertragen und beim entsprechenden Lebensbereich einfügen. Ergänzen Sie die Liste um weitere Wünsche, bis Sie bei jedem für Sie wichtigen Lebensbereich Wünsche formuliert haben.

Familie ______________________________

____

Beruf

Gesundheit

Finanzen

Freunde

Geist

Gesellschaft

Persönlichkeit

Glaube

....

....

Legen Sie sich eine Wunschliste an, die Sie immer mit sich führen. Das kann ein einzelnes Blatt oder auch ein Notizbuch sein. Immer dann, wenn Ihnen einer neuer Wunsch in den Sinn kommt, notieren Sie ihn sofort. Spätestens bei jedem Dreamday – darum geht es in Schritt 4 – sollten Sie diese Wunschliste mit kritischem Blick durchgehen, aus den Wünschen Ziele machen, entsprechende Aktivitäten festlegen und diese terminieren.

TIPP

Unterscheiden Sie Ziele von Wünschen

Bis zu diesem Punkt ging es stets um Wünsche und noch nicht um Ziele. Um die Frage beantworten zu können, wie aus Wünschen Ziele werden, müssen wir zunächst klären, was ein Ziel auszeichnet, oder einfach gefragt: Was macht ein Ziel zum Ziel?

Viele Definitionen

Es gibt viele Definitionen zum Thema Ziele. Weit verbreitet sind beispielsweise der SMART-, der PURE- sowie der CLEAR-Ansatz.

SMART

Die Buchstaben SMART stehen für:

- *<u>S</u>pezifisch*
  Ziele müssen unverwechselbar sein, sonst geht von ihnen keine Kraft aus.
- *<u>M</u>essbar*
  Der Grad der Zielerreichung muss bestimmbar sein.
- *<u>A</u>ktionsorientiert*
  Ein Ziel sollte aufzeigen, was getan werden muss. Es sollte auf positive Aktionen hinweisen. Es reicht nicht aus zu sagen, was *nicht* getan werden darf.
- *<u>R</u>ealistisch*
  Ziele können hoch gesteckt sein, müssen aber zu Ihren Begabungen, Ressourcen und Einflussmöglichkeiten passen.
- *<u>T</u>erminierbar*
  Jedes Ziel sollte einen zeitlichen Bezug haben – entweder einen Endzeitpunkt oder regelmäßige Termine.

PURE

Der PURE-Ansatz bezieht sich auf folgende Zielmerkmale:

- *<u>P</u>ositively stated* (Positiv formuliert)
- *<u>U</u>nderstood* (Verstanden)
- *<u>R</u>ealistic* (Realistisch)
- *<u>E</u>thical* (Ethisch)

CLEAR Ein CLEAR formuliertes Ziel weist folgende Eigenschaften auf:

- *Challenging* (Herausfordernd)
- *Legal* (Rechtmäßig)
- *Exciting* (Aufregend)
- *Agreed* (Einverstanden)
- *Recorded* (Festhalten)

Zwei Kriterien Bei www.ziele.de haben wir einen Grundsatz, der lautet: »Entweder es geht einfach oder es geht einfach nicht.« Deshalb hat unsere Definition eines Ziels nur zwei Kriterien:

1. Ziele sind messbar!
2. Ziele sind machbar!

Das Ziel muss messbar sein Worauf kommt es beim Beachten des *ersten* Kriteriums an? Es geht darum, dass Sie sich beim Formulieren darauf festlegen, was Sie bis wann erreichen wollen. Wenn Sie beispielsweise sagen: »Ich möchte abnehmen«, ist dies zwar ein Wunsch, aber noch kein messbar formuliertes Ziel. Ein solches würde beispielsweise lauten: »Bis zum Ende des Quartals werde ich mein Gewicht um fünf Kilogramm reduziert haben.« Wenn Sie so formulieren, wissen Sie zum definierten Zeitpunkt genau, ob Sie Ihr Ziel erreicht haben oder nicht.

Das Ziel muss machbar sein Das *zweite* Kriterium soll Sie davor bewahren, sich selbst zu frustrieren, indem Sie sich Ziele stecken, die für Sie nicht erreichbar sind. Setzen Sie sich beim Nachdenken über Ihre Ziele also damit auseinander, ob Sie über die nötigen Mittel, Erfahrungen, Möglichkeiten und Kontakte verfügen, um das Ziel zu erreichen. Sollten Sie bemerken, dass Ihnen entscheidende Voraussetzungen fehlen, haben Sie zwei Möglichkeiten:

1. Sie setzen sich das Ziel, die entsprechenden Voraussetzungen zu schaffen.
2. Sie akzeptieren, dass Sie das betroffene Ziel nicht verwirklichen können.

Wenn Sie ein Ziel formulieren, achten Sie immer darauf: Ein Ziel ist nur dann ein Ziel, wenn es messbar und machbar ist.

Ziele von Wünschen unterscheiden Die Unterscheidung von Wünschen und Zielen ist sehr wichtig. Damit Sie Übung darin bekommen, Wünsche von Zielen abzugrenzen, empfehle ich Ihnen die folgende Aufgabe.

Was sind Wünsche, was sind Ziele?

Sehen Sie sich die Aussagen in der folgenden Liste an. Entscheiden Sie, ob Sie das jeweilige Vorhaben als ein Ziel betrachten oder als einen Wunsch.

1. Umsatz und Gewinn steigern	☐ Ziel	☐ Wunsch
2. Bis zu meinem Geburtstag 18 Pfund verlieren	☐ Ziel	☐ Wunsch
3. Die Arbeit effektiver durchführen	☐ Ziel	☐ Wunsch
4. Im Urlaub im kommenden Juni zum Grand Canyon fahren	☐ Ziel	☐ Wunsch
5. Eine Gehaltserhöhung bekommen	☐ Ziel	☐ Wunsch
6. Einen besseren Job bekommen	☐ Ziel	☐ Wunsch
7. Das Durcheinander im Haus reduzieren	☐ Ziel	☐ Wunsch
8. Ein eigenes Geschäft aufbauen	☐ Ziel	☐ Wunsch
9. Mehr als 1200 Punkte bei meinem Einstellungstest am kommenden Samstag erreichen	☐ Ziel	☐ Wunsch
10. Ein Auto kaufen	☐ Ziel	☐ Wunsch

Auflösung:
Nur die Aussagen 2, 4 und 9 können als wirkliche Ziele betrachtet werden. Ein Ziel ist eben nur dann ein Ziel, wenn es wirklich messbar ist. Alles andere sind Wünsche.

Aus Wünschen messbare Ziele machen

Wenn Sie Routine darin gewonnen haben, Aussagen entweder als Ziel oder als Wunsch zu erkennen, können Sie nun versuchen, aus Wünschen messbare Ziele zu machen. Das ist leichter gesagt als getan. Zudem werden Sie diese Fähigkeit für eine gelingende Lebens- und Berufsplanung immer wieder brauchen. Daher gibt es auch hier wieder eine Übung.

Machen Sie aus Wünschen Ziele

Sie sehen hier vier Wünsche. Formulieren Sie für jeden dieser Wünsche ein Ziel, das Sie für messbar und machbar halten.

1. Wunsch: Ich möchte viele Reisen machen.

____

2. Wunsch: Die Zahl der Kundenreklamationen muss deutlich kleiner werden.

____

____

3. Wunsch: Ich möchte mehr für meine Sprachkenntnisse tun.

____

____

4. Wunsch: Ich möchte gesünder leben.

____

____

Auswertung:
Wenn Sie aus den Wünschen Ziele gemacht haben, könnten diese beispielsweise lauten:

1. Wunsch: Über Ostern besuche ich meinen Onkel in London, die Pfingstfeiertage verbringe ich in Rom, und in den Sommerferien mache ich eine Rundreise durch Australien.

2. Wunsch: Ab sofort werde ich jeden Mittwoch von 16 Uhr bis zum Feierabend dazu nutzen, um die Ursachen für die Reklamationen zu analysieren und an der Behebung derjenigen Ursachen zu arbeiten, die zu den drei häufigsten Reklamationsfällen führen.

3. Wunsch: Bis zum Wochenende besorge ich mir bei der Volkshochschule das aktuelle Programm, aus dem ich am Sonntagnachmittag die für mich passende Veranstaltung auswähle. Am Montag werfe ich meine schriftliche Anmeldung in den Briefkasten. Um meine Sprachkenntnisse auszuprobieren und um mich zu belohnen, reise ich in der Vorweihnachtszeit nach London, um dort einige Geschenke zu kaufen.

4. Wunsch: Bis zum Ende des Jahres habe ich mein Gewicht durch bewusste Ernährung und regelmäßige Bewegung so reduziert, dass mein Body-Mass-Index (BMI) bei 24 liegt.

Sie sehen, dass aus einem Wunsch auch mehrere Teilziele entstehen können.

Schaffen Sie die Grundlage für persönliche Erfolge

Zuerst nachdenken

Um einen Wunsch in die Form eines messbaren und machbaren Zieles zu bringen, müssen Sie zunächst nachdenken. So müssen Sie beispielsweise überlegen,

- was Sie eigentlich bezwecken wollen,
- was Sie tun müssen, um dem Ziel näher zu kommen,
- was als Anhaltspunkt dafür gelten kann, dass Sie Ihr Ziel erreicht haben.

Dann aufschreiben und verwirklichen

Sind Sie sich über diese Punkte im Klaren, formulieren Sie Ihr Ziel schriftlich. Wenn Sie das getan haben, ist es jetzt nur noch ein kleiner Schritt zur Verwirklichung.

> **Die großen Dinge im Leben entstehen dreimal: erstens in Gedanken, zweitens mit dem Niederschreiben und schließlich drittens beim Umsetzen in die Realität.**

Ziele und Erfolg gehören zusammen

Wenn Sie diesen Dreischritt vollziehen und an der Verwirklichung Ihrer Ziele arbeiten, dann befinden Sie sich in guter Gesellschaft. Gerade die erfolgreichsten Menschen in Wissenschaft und Politik, Wirtschaft und Kunst haben den Wert von Zielen erkannt:

- So sagte der wohl berühmteste und zugleich beliebteste Forscher des 20. Jahrhunderts, Albert Einstein: *»Wenn Du ein glückliches Leben willst, verbinde es mit einem Ziel.«*
- Dwight D. Eisenhower, der 34. Präsident der USA, machte deutlich: *»Wir sind nur dadurch erfolgreich, dass wir uns im Leben oder im Krieg oder wo auch immer ein einzelnes beherrschendes Ziel setzen, und diesem Ziel alle anderen Überlegungen unterordnen.«*
- *»Zielstrebigkeit ist eine der wesentlichen Voraussetzungen für Erfolg im Leben, egal welches Ziel man verfolgt.«* Zu dieser Auffassung kam John D. Rockefeller II. Sein Vater, John D. Rockefeller, war mit großem Abstand der reichste Mann, der je in den USA gelebt hat.
- Johann Wolfgang von Goethe schreibt aus eigener, vielfältiger Erfahrung: *»Sobald der Geist auf ein Ziel gerichtet ist, kommt ihm vieles entgegen.«*

Dass der Zusammenhang zwischen Zielen und Erfolg nicht bloß für Nobelpreisträger, Präsidenten, Milliardäre und Dichterfürsten besteht, sondern umfassender gültig ist, zeigt die so genannte Harvardstudie auf beeeindruckende Weise.

Harvardstudie

Eine Untersuchung des Werdegangs von Absolventen der Harvard-University über einen Zeitraum von zehn Jahren erbrachte folgende Resultate:

- 83 Prozent der Abgänger hatten keine konkrete Zielsetzung für ihre Karriere. Sie verdienten im Durchschnitt einen bestimmten Dollarbetrag X.
- 14 Prozent hatten klare Zielsetzungen für ihre Karriere. Diese Ziele hatten sie jedoch nicht schriftlich festgelegt. Die Angehörigen aus dieser Gruppe verdienten im Durchschnitt immerhin das Dreifache dieses Betrages.
- Drei Prozent der Befragten hatten klare Zielsetzungen für ihre Karriere bestimmt und diese schriftlich festgelegt. Sie verdienten durchschnittlich das Zehnfache des Betrages X.

Zwei Überraschungen

Diese Ergebnisse sind in zweifacher Hinsicht überraschend:

1. Der Anteil von Menschen, die sich ernsthaft über ihre Ziele Gedanken machen und diese Ziele aufschreiben, ist sehr klein.
2. Der Einkommensunterschied zwischen der ersten und der dritten Gruppe ist dagegen sehr groß.

Gleicher Ausgangspunkt, unterschiedliche Wege

Dass Sie dieses Buch schriftlich durcharbeiten, zeigt, dass Sie zu der kleinen Gruppe von zielorientierten Menschen gehören. Doch wie ist zu erklären, dass die Einkommensverhältnisse der ehemaligen Harvard-Studenten so stark auseinander gingen? Um an dieser Eliteuniversität studieren zu können, muss man ein Aufnahmeverfahren durchlaufen, das zu den härtesten der Welt zählt. Als Student verbringt man seine Zeit unter erstklassigen Bedingungen. Man kann also davon ausgehen, dass sich die Absolventen der Harvard-University bei allen Unterschieden in den Noten auf einem sehr hohen fachlichen Niveau befanden und exzellente Voraussetzungen für ihre Karriere hatten. Und doch unterschieden sich die Wege so extrem. Offenbar gilt:

**Die Unterschiede zwischen dem, was Menschen erreichen,
hängen eher von der Wahl der Ziele ab
als von den jeweiligen Begabungen und Fähigkeiten.**

Ziele entscheiden darüber, was für ein Kreislauf im Leben eines Menschen wirksam ist: der negative Kreislauf der Ziellosigkeit oder der positive Zielekreislauf.

Der Kreislauf der Ziellosigkeit

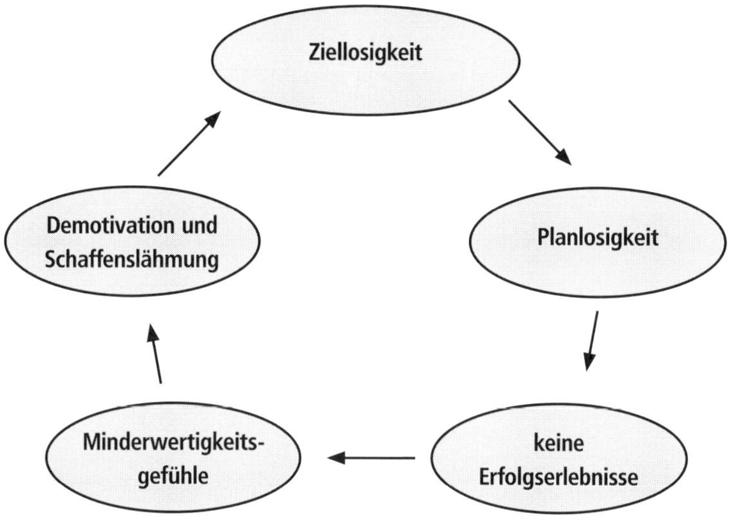

Fataler Kreislauf ohne Ziele

Wer keine Ziele hat und nicht weiß, wohin er will, kann auch keine Pläne machen. Das Leben vieler zielloser Menschen ist daher entweder von Bequemlichkeit geprägt oder aber von unproduktivem Aktionismus. Es mag sein, dass sie hart arbeiten und sich wichtig fühlen – aber es geschieht keine wirkliche positive Veränderung. In der Folge entstehen bestenfalls durchschnittliche Ergebnisse, jedoch keine echten Erfolge. Das fehlende Erfahren von Fortschritt verursacht Frust und führt letztlich zu Minderwertigkeitsgefühlen: »Ich plage mich ab und gebe mir viel Mühe, aber irgendwie bewege ich mich immer im Kreis und packe es nicht, voran zu kommen.« Am Ende stehen schließlich Motivations- und Lustlosigkeit, die uns den Antrieb verlieren lassen, sodass wir noch weiter davon entfernt sind, uns Ziele zu setzen usw. – ein fataler Kreislauf.

Wo kein Ziel ist, da regieren Probleme.

Positivspirale mit klaren Zielen

Klare und richtige Ziele helfen Ihnen dagegen, Pläne zu entwickeln. Wenn Sie wissen, wohin Sie wollen, können Sie sich Gedanken darüber machen, wie Sie dort hinkommen. Ein guter

Plan lässt Sie die einzelnen Schritte erkennen, die Sie gehen wollen. Sind diese Schritte bewältigt, spüren Sie ein Erfolgserlebnis. Diese Erfolgserlebnisse stärken Ihr Selbstvertrauen. Das gefestigte Selbstwertgefühl wiederum geht einher mit Motivation und Energie für neue, weitere Ziele.

Ziele nicht zu hoch stecken

Wichtig ist, dass Sie sich die Ziele am Anfang nicht zu hoch stecken. Sie sollten sich schon etwas anstrengen müssen, um Ihr Ziel zu erreichen, aber es muss machbar sein. Haben Sie Ihr Ziel erreicht, können Sie nun mit der entsprechenden Erfahrung und Motivation das nächste Ziel ein kleines bisschen höher ansetzen.

Der positive Zielekreislauf

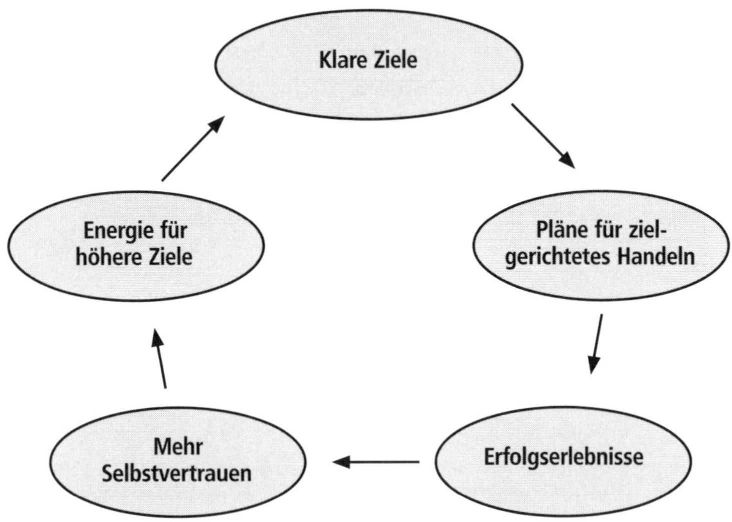

Den Unterschied zwischen Menschen, die ohne Ziele leben, und denen, die sich ihrer Ziele bewusst sind, hat der Philosoph Immanuel Kant gut auf den Punkt gebracht: »Der ziellose Mensch erleidet sein Schicksal, der zielbewusste gestaltet es.«

Machen Sie aus Ihren Wünschen Ziele

Was Sie nun wissen

Sie haben auf den vorhergehenden Seiten nicht nur Erkenntnisse über Ihre Wünsche gewonnen, sondern zugleich gelernt,

- was ein Ziel auszeichnet,
- was Ziele im Leben bewirken können,

- wie aus allgemein formulierten Wünschen messbare und machbare Ziele werden.

In der letzten Übung dieses Kapitels machen Sie aus Ihren Wünschen Ziele. Damit haben Sie die Absicht von Kapitel 1 erreicht.

Leiten Sie aus Ihren Wünschen Ziele ab
In der Übung auf den Seiten 15 und 16 haben Sie Wünsche für verschiedene Bereiche formuliert, die in Ihrem Leben wichtig sind. Nehmen Sie sich nun den ersten Wunsch vor und leiten Sie daraus ein Ziel ab. Prüfen Sie, ob das Ziel sowohl messbar als auch machbar ist, und schreiben Sie Ihr Ziel auf.

Je nach Wunsch kann es sein, dass Sie statt einem einzigen Ziel mehrere Teilziele bestimmen müssen. Auch für jedes einzelne Teilziel gilt: Es muss messbar und machbar sein.

Erst wenn Sie beide Kriterien abhaken können, gehen Sie über zum nächsten Wunsch, um daraus ein Ziel zu machen. Bearbeiten Sie alle Wünsche Ihrer Liste auf diese Weise.

Familie Ziel 1: ______________________________

□ messbar □ machbar

Ziel 2: ______________________________

□ messbar □ machbar

Beruf Ziel 1: ______________________________

□ messbar □ machbar

Ziel 2: ______________________________

□ messbar □ machbar

Gesundheit Ziel 1: ______________________________

□ messbar □ machbar

Ziel 2: ______________________________

□ messbar □ machbar

Finanzen	Ziel 1: ________________	☐ messbar	☐ machbar
	Ziel 2: ________________	☐ messbar	☐ machbar
Freunde	Ziel 1: ________________	☐ messbar	☐ machbar
	Ziel 2: ________________	☐ messbar	☐ machbar
Geist	Ziel 1: ________________	☐ messbar	☐ machbar
	Ziel 2: ________________	☐ messbar	☐ machbar
Gesellschaft	Ziel 1: ________________	☐ messbar	☐ machbar
	Ziel 2: ________________	☐ messbar	☐ machbar
Persönlichkeit	Ziel 1: ________________	☐ messbar	☐ machbar
	Ziel 2: ________________	☐ messbar	☐ machbar
Glaube	Ziel 1: ________________	☐ messbar	☐ machbar
	Ziel 2: ________________	☐ messbar	☐ machbar

.... Ziel 1: ______________________________

□ messbar □ machbar

Ziel 2: ______________________________

□ messbar □ machbar

.... Ziel 1: ______________________________

□ messbar □ machbar

Ziel 2: ______________________________

□ messbar □ machbar

TIPP

Vermutlich reicht der Platz hier nicht aus. Legen Sie sich deshalb ein Blatt an, auf dem Sie die jeweiligen Ziele notieren. Ich empfehle Ihnen, dieses Blatt in Ihr Zeitplanbuch einzuheften und immer bei sich zu tragen. Werfen Sie im Alltag immer wieder einen Blick darauf. So geraten Ihnen die Ziele nicht aus dem Sinn.

Sollten Sie bis hierher gelesen haben, ohne Ihre eigenen Ziele definiert zu haben, so bedenken Sie:

- Ziele geben Ihrem Leben Richtung. Wenn Sie sich keine Ziele setzen, woher wollen Sie wissen, wohin Sie unterwegs sind?
- Ziele erfordern klare, messbare Ergebnisse. Wenn Sie keine Ziele bestimmt haben, gibt es auch keinen Maßstab, um den Fortschritt in Richtung Ziel zu messen.
- Ziele motivieren zu Leistung. Ohne Ziele gibt es auch keinen Grund, sich aus der Komfortzone, in der Sie sich eingerichtet haben, herauszubewegen.
- Ziele verändern Ihr Selbstbild. Ziele machen Sie selbstbewusster und verbessern Ihr Auftreten.
- Ziele verändern auch etwas in Ihrer Psyche. Wenn Sie im Kopf Klarheit geschaffen haben, fühlen Sie sich besser.
- Ziele zwingen Sie, die Dinge beim Namen zu nennen.
- Das Festlegen eines Zieles ist der erste Schritt auf dem Weg zum Erfolg.

Schritt 2
Wählen Sie die richtigen Ziele

»Fleiß für die falschen Ziele ist noch schädlicher als Faulheit für die richtigen.«
Peter Bamm

Erst nachdenken, dann handeln

Im ersten Schritt haben Sie sich Gedanken über Ihre Wünsche gemacht und eine Reihe messbarer und machbarer Ziele formuliert. Natürlich steht es Ihnen frei, sich sofort an die Umsetzung zu machen. Ich lade Sie aber dazu ein, zunächst über Ihre Ziele eingehender nachzudenken. Die Frage ist nämlich: Sind Ihre Ziele geeignet, Sie wirklich voranzubringen?

Typische Probleme

Oft treten bei einer genaueren Betrachtung Probleme auf wie diese:

1. *Die Ziele passen nicht zueinander.*
   Ziele können Ihnen nur dann Orientierung geben und Sie vor Ablenkung und »Verführungen« bewahren, wenn sie sich nicht widersprechen. Ergänzen sich Ihre Ziele, oder konkurrieren sie um Ihre Zeit, Ihr Geld, Ihre Kraft und Ihre Aufmerksamkeit?
2. *Die Ziele harmonieren nicht mit der Persönlichkeitsstruktur.*
   Jeder Mensch hat Stärken und Schwächen, Vorlieben und Abneigungen. Können Sie beim Anstreben der Ziele Ihre Stärken voll ausspielen?
3. *Die Ziele widersprechen den persönlichen Wertvorstellungen.*
   Mancher übernimmt – bewusst oder unbewusst – Ziele, die Freunde und Bekannte, Medien oder auch Arbeitgeber und Parteien vorgeben. Stimmen diese Zielsetzungen mit Ihren persönlichen Wertvorstellungen überein oder nur mit dem Zeitgeist?

4. *Die Ziele sind zu kurzfristig ausgerichtet.*
   Wenn Sie nicht nur von Tag zu Tag leben wollen, müssen Sie wissen, was Sie im Leben einmal erreichen möchten und unter welchen familiären und finanziellen Umständen Sie gerne alt werden wollen. Sind Ihre Ziele auch aus einer solch langfristigen Perspektive heraus betrachtet sinnvoll?
5. *Sie setzen nicht an den wirksamsten Stellen an.*
   Viele Menschen haben sich zu viele Ziele gesetzt und verzetteln sich. Haben Sie Ziele gewählt, bei denen Sie Ihre Energie auf die wirksamsten Stellen konzentrieren?

Die richtigen Ziele wählen

Letztlich sind die fünf Fragen nur eine Variation der einen großen Frage: *Haben Sie die richtigen Ziele gewählt?* Der Schritt 2 soll Sie dabei unterstützen, auf diese Frage fundierte Antworten zu bekommen. Das Finden dieser Antworten ist sehr wichtig, denn Sie sollten Ihr Leben und Ihre Talente nur in jene Ziele investieren, die Ihren leidenschaftlichen Einsatz auch tatsächlich verdienen.

Die Beschäftigung mit der Frage nach den richtigen Zielen ist die Voraussetzung für alles andere. Bevor Sie beispielsweise darüber nachdenken, wie Sie mit der Hilfe von Mitstreitern Ihre Ziele besser und schneller erreichen, müssen Sie sicher sein, dass Sie sich tatsächlich für die richtigen Ziele entschieden haben.

Festes Ziel, bewegliche Mittel

Und es gibt noch einen weiteren Grund, warum sich die bewusste Auseinandersetzung mit der Frage nach den richtigen Zielen für Sie lohnt. Die Erfahrung zeigt nämlich, dass viele Menschen zwar hartnäckig in Bezug auf den einmal eingeschlagenen Weg sind, aber nur wenige in Bezug auf ihre Ziele. Sei es, weil sich der Weg so einfach gehen lässt oder weil sie sich an ihn gewöhnt haben. Umgekehrt ist es aber viel sinnvoller: Es kommt darauf an, das Ziel nie aus dem Blick zu verlieren, aber beweglich in den Mitteln zu sein. Denn Ihr Elan nützt nur dann etwas, wenn Sie durch Ihr Engagement zugleich Ihren Zielen näher kommen.

Bevor Sie sich also auf den Weg machen, sollten Sie die richtigen Ziele bewusst auswählen. Sind diese Ziele klar und durchdacht, können Sie fröhlich losgehen – auch wenn es stellenweise holprig und steil wird. Denn: »Besser auf dem rechten Weg hinken, als festen Schrittes abseits wandeln.« (Augustinus)

Befreien Sie Ihre Ziele von Widersprüchen

Ziele sind wie ein Kompass

Ziele bewegen Menschen. Sie geben uns Energie, die es zu nutzen gilt. Sie fungieren zugleich wie ein Kompass, der dafür sorgt, dass wir bei den großen und kleinen Entscheidungen des Alltags die Richtung nicht aus dem Auge verlieren. Christian Morgenstern formulierte es einmal so: »Wer vom Ziel nichts weiß, wird den Weg nicht finden.«

Beispiel: Widersprüche durch zu viele große Ziele

Ziele können uns aber nur dann Orientierung geben, wenn sie sich nicht widersprechen. Beispielsweise ist es nicht sinnvoll, sich gleichzeitig das Ziel zu setzen,

- erfolgreich ein Geschäft zu eröffnen,
- ein Haus zu bauen,
- eine Familie zu gründen,
- eine Doktorarbeit zu schreiben,
- für den Stadtrat zu kandidieren.

Das Ergebnis: Überforderung und Orientierungslosigkeit

Wer sich gleichzeitig all diese beispielhaft genannten Ziele setzt, wird sich selbst und seine Umgebung überfordern. Zudem wird er oder sie im Zweifelsfall nicht wissen, wie die Zeit zu nutzen ist. Die Kompassnadel dreht sich im Kreis: Das Geschäftskonzept müsste ausgefeilt werden, die Angebote der Handwerker wären zu prüfen, der Geburtsvorbereitungskurs sollte besucht werden. Auch wäre das anstehende Gespräch mit dem Doktorvater vorzubereiten und vor dem Einkaufszentrum Wahlwerbung zu machen. Müsste, sollte, könnte – ein Leben im Konjunktiv macht nicht glücklich.

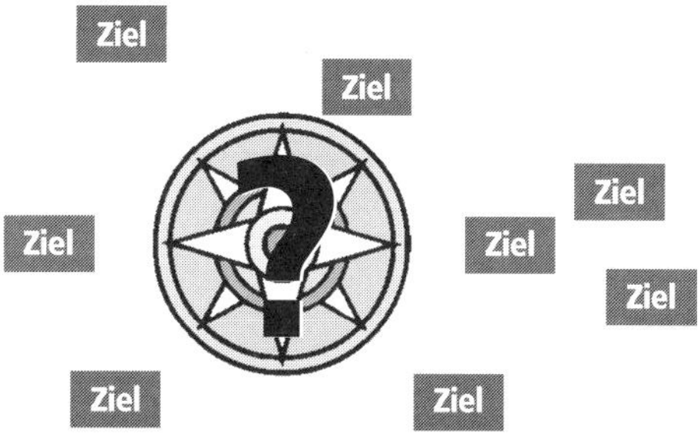

Wenn Sie viele anspruchsvolle Ziele haben, dann spricht das zwar für Sie. Wenn der Weg zu diesen Zielen zeitraubend ist, müssen Sie aber überlegen, wie Sie Zielkonflikte vermeiden können und welche Reihenfolge des Abarbeitens sinnvoll ist. In manchen Fällen wird es sich nicht vermeiden lassen, Ihre Lebensplanung zu überdenken und die Arbeit an einem Ziel auf später zu verschieben.

Sorgen Sie dafür, dass Sie sich durch widersprüchliche Ziele nicht selbst ausbremsen.

Mit einer Aktivität zwei Ziele erreichen

Andererseits kann es auch gelingen, mit nur einer Aktivität gleichzeitig mehrere Ziele zu erreichen. Haben Sie beispielsweise zum einen vor, Ihr Business-Englisch auszubauen und wollen Sie zum anderen einen Freund aus der gleichen Stadt häufiger sehen, dann könnten Sie den Freund fragen, ob er nicht gemeinsam mit Ihnen den Kurs besucht. Das kann Sie beruflich voranbringen, der Kurs hält zugleich Ihren Geist wach und stärkt durch die gemeinsame Erfahrung auch noch die Freundschaft.

TIPP

Achten Sie im Alltag einmal bewusst darauf, an welchen Stellen Sie gleichzeitig mehreren Zielen näher kommen können. Sie werden erstaunt sein, wie oft es gelingen kann, mehrere Fliegen mit einer Klappe zu schlagen.

Von der Uhr zum Kompass

Sie sehen schon: Es kommt nicht mehr vorrangig darauf an, *die Dinge richtig zu tun.* In erster Linie müssen Sie lernen, *die richtigen Dinge zu tun.* Wer die Dinge richtig tun will, der orientiert sich an der Uhr. Er versucht, seine Aufgaben *effizient* abzuarbeiten. Aber bringen ihn die Bemühungen auch seinen Zielen näher? Diese Frage stellt sich derjenige, der *effektiv* arbeiten will. Er orientiert sich nicht an der Uhr, sondern am Kompass. Erst wenn Sie sicher sind, dass Sie an den *richtigen* Zielen arbeiten, sollten Sie über Effizienz nachdenken.

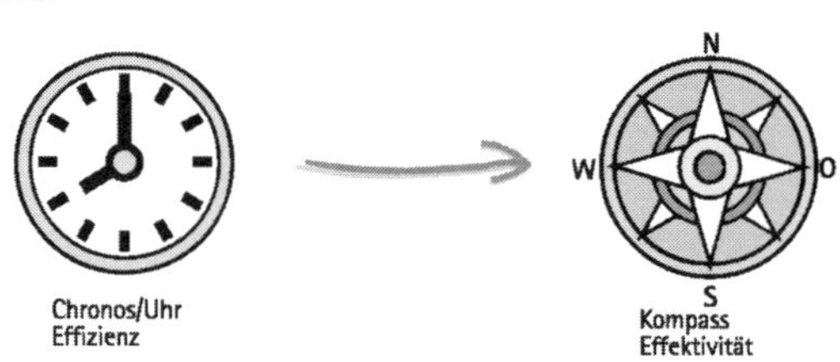

Die Dinge richtig tun — Die richtigen Dinge tun

Nutzen Sie die Stärken Ihrer Persönlichkeit

Talente berücksichtigen

Jeder Mensch weist persönliche Begabungen und Verhaltenstendenzen auf. Diese Individualität äußert sich einerseits in bestimmten Vorlieben und Stärken und andererseits durch persönliche Abneigungen und Grenzen. Wenn Sie darüber nachdenken, welches für Sie die richtigen Ziele sind, dann sollten Sie Ihre individuellen Talente und Verhaltenstendenzen berücksichtigen.

Engagieren Sie sich für Ziele, die nicht zu Ihnen passen, dann besteht die Gefahr, dass Sie sich verschleißen. Großes wird auf diese Weise nicht entstehen.

Schwächen ausmerzen oder Stärken nutzen?

Sollten Sie sich nun vor allem darum kümmern, Ihre Schwächen auszumerzen? Oder lohnt es sich mehr, wenn Sie sich auf Ihre Stärken konzentrieren? Nun, wenn es in Ihrem Leben massive persönliche Defizite gibt, die Ihnen beim Anstreben Ihrer Ziele immer wieder im Weg stehen, dann lohnt es sich sicher, an diesen Schwächen anzusetzen und die Hindernisse fortzuräumen bzw. zu umgehen.

Ziele müssen den Stärken entsprechen

Sie sollten sich aber bewusst sein: Sämtliche Schwächen werden Sie nie beseitigen können. Das ist auch gar nicht nötig, denn Sie werden sehr viel mehr erreichen, wenn Sie sich auf Ihre Stärken verlassen und sich Ziele setzen, die Ihnen entsprechen. Ihre Stärken werden Sie Ihren Zielen quasi entgegentragen.

Beispiel: Christo

Stellen Sie sich beispielsweise vor, der 22 Jahre alte Christo hätte nach der Flucht aus Bulgarien im Jahre 1957 seine ganze Kraft darauf konzentriert, Schwächen auszumerzen und seine schlechten französischen und englischen Sprachkenntnisse zu perfektionieren. Stattdessen besann sich der ehemalige Student der Akademie der Schönen Künste in Sofia auf seine Stärken und widmete sich mit Hingabe dem künstlerischen Schaffen. Über die Portraitmalerei lernte er seine Frau Jeanne-Claude kennen. Der »Verpackungskünstler« gehört heute zusammen mit seiner Frau bekanntermaßen zu den bedeutendsten Künstlerpersönlichkeiten der Welt.

Setzen Sie sich Ziele, bei denen Sie Ihre Stärken möglichst gut ausspielen können.

DISG® Modell kann helfen

Wie können Sie nun mehr über sich selbst herausfinden? Ein bewährtes Instrument, mit dem Sie Ihre bevorzugten Verhaltenstendenzen kennen lernen können, ist das DISG® Persönlichkeitsprofil. Das DISG® Modell kann Ihnen dabei helfen, mehr Klarheit über die Stärken und Schwächen Ihrer Persönlichkeit zu bekommen.

Vier Grundtypen

Die vier Buchstaben stehen für vier Grundtypen:

- dominant
- initiativ
- stetig
- gewissenhaft

Es geht beim DISG® Persönlichkeitsprofil nicht bloß darum, herauszufinden, ob Sie ein D-, I-, S- oder G-»Typ« sind. Denn einzelne Verhaltensdimensionen können zwar stark ausgeprägt sein, aber jeder Mensch weist Anteile aller vier Verhaltensdimensionen auf. Bei der Auswertung des DISG® Persönlichkeitsprofils geht es daher um die Frage, welche Anteile in welcher Kombination in einer bestimmten Situation vorherrschen und was dies bedeutet.

Erste Hinweise per Schnell-Check

Um erste Hinweise auf Ihre Stärken und Schwächen zu bekommen, können Sie den folgenden Schnell-Check zur Selbsteinschätzung bearbeiten. Sie werden dabei erfahren, welche Verhaltensdimension bei Ihnen in einem bestimmten Umfeld vorherrscht. Ein wissenschaftlich abgesicherter Fragebogen mit differenzierteren Auswertungen bietet das DISG® Persönlichkeitsprofil, das bei den autorisierten Trainern sowie im Buchhandel erhältlich ist (Friedbert Gay: Das DISG® Persönlichkeitsprofil. Persönliche Stärke ist kein Zufall. Offenbach: GABAL Verlag. ISBN 3-89749-352-7. www.persolog.com).

Rolle bzw. Situation berücksichtigen

Wenn Sie den Schnell-Check bearbeiten, müssen Sie beachten, dass Sie – abhängig von der jeweiligen Situation und den beteiligten Personen – unterschiedlich agieren und reagieren. Deshalb müssen Sie zunächst festlegen, für welches Umfeld bzw. für welche Rolle oder welche konkrete Situation Sie den Schnell-Check erstellen. Prinzipiell ist es möglich, das DISG® Persönlichkeitsprofil jeweils mit Blick auf ein anderes Umfeld mehrfach anzufertigen.

Bestimmen Sie Ihre bevorzugte DISG® Verhaltensdimension

Legen Sie zunächst fest, für welches Umfeld Sie den Fragebogen ausfüllen:

____

Sie finden nun zehn Gruppen mit je vier Begriffen. Legen Sie eine Reihenfolge von 1 bis 4 innerhalb jeder dieser Gruppen fest. Beim Ausfüllen sollten Sie sich jeweils für das Wort entscheiden, das Ihnen „am ehesten" entspricht (4 Punkte), dann für das, das Ihnen „am wenigsten" entspricht (1 Punkt). Geben Sie schließlich 3 Punkte für „am zweitehesten" und 2 für „am zweitwenigsten". Tragen Sie die Punkte jetzt ein.

- ☐ begeistert
- ☐ entschlossen
- ☐ gewissenhaft
- ☐ loyal

- ☐ konkurrierend
- ☐ ausgleichend
- ☐ gesellig
- ☐ gründlich

- ☐ reserviert
- ☐ gewinnend
- ☐ gutmütig
- ☐ ruhelos

- ☐ freundlich
- ☐ aggressiv
- ☐ logisch
- ☐ entspannt

- ☐ einsichtig
- ☐ kontaktfreudig
- ☐ anspruchsvoll
- ☐ vorsichtig

- ☐ beherrscht
- ☐ nett
- ☐ aufmerksam
- ☐ stur

- ☐ willensstark
- ☐ taktvoll
- ☐ mitfühlend
- ☐ verspielt

- ☐ inspirierend
- ☐ beständig
- ☐ hartnäckig
- ☐ akkurat

- ☐ verbindlich
- ☐ einsichtig
- ☐ gesprächig
- ☐ herausfordernd

- ☐ direkt
- ☐ fröhlich
- ☐ diplomatisch
- ☐ rücksichtsvoll

In der folgenden Übersicht sehen Sie, welche Verhaltensdimension dem jeweiligen Begriff zugeordnet ist. Addieren Sie Ihre Punkte jeweils für D, I, S und G. Tragen Sie das Ergebnis in die folgende Zeile ein. Die Gesamtsumme muss dabei 100 ergeben.

D: I: S: G: (D+I+S+G=100)

I	begeistert
D	entschlossen
G	gewissenhaft
S	loyal

D	konkurrierend
S	ausgleichend
I	gesellig
G	gründlich

G	reserviert
I	gewinnend
S	gutmütig
D	ruhelos

I	freundlich
D	aggressiv
G	logisch
S	entspannt

S	einsichtig
I	kontaktfreudig
D	anspruchsvoll
G	vorsichtig

G	beherrscht
I	nett
S	aufmerksam
D	stur

D	willensstark
G	taktvoll
S	mitfühlend
I	verspielt

I	inspirierend
S	beständig
D	hartnäckig
G	akkurat

S	verbindlich
G	einsichtig
I	gesprächig
D	herausfordernd

D	direkt
I	fröhlich
G	diplomatisch
S	rücksichtsvoll

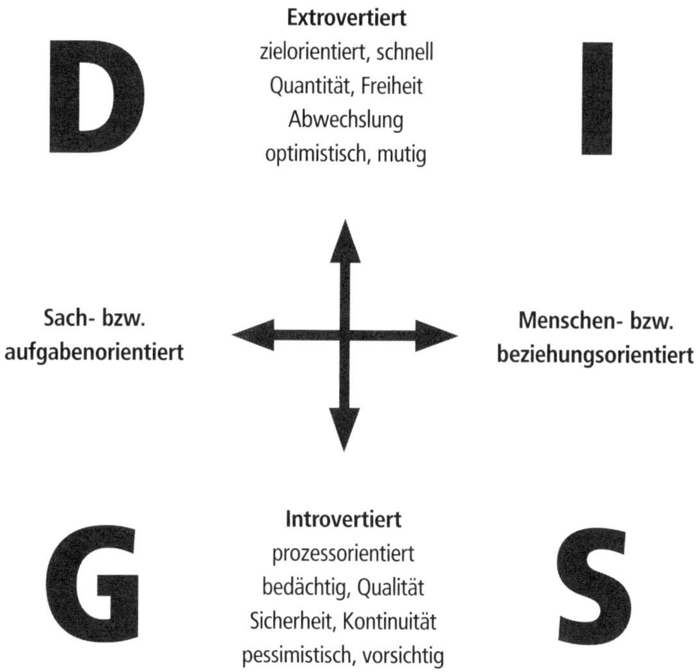

Wichtige Merkmale der DISG ® Verhaltens-dimensionen

Punktzahlen zeigen die Ausprägung an

Der Buchstabe mit der höchsten Punktzahl repräsentiert Ihre am stärksten ausgeprägte Verhaltensdimension; die Summen der anderen Buchstaben zeigen die Ausprägung Ihrer drei anderen Verhaltenstendenzen. Sie werden feststellen, dass Sie Anteile von allen Verhaltenstendenzen besitzen. Es gibt also weder »den« Dominanten noch »den« Gewissenhaften in Reinkultur, sondern zahlreiche Kombinationsmöglichkeiten aus allen Bereichen.

TIPP

Wenn Sie sich die Ausführungen zu den vier Verhaltenstendenzen durchlesen, können Sie mit einem Leuchtmarker die Zeilen hervorheben, die auf Sie besonders zutreffen.

Dominanz (D)

Dominante Menschen

Menschen mit ausgeprägt *dominanter* Verhaltensdimension lassen sich als aktiv und entschlossen charakterisieren. Sie wollen andere besiegen und versuchen, Hindernisse durch Zielstrebigkeit zu überwinden. Oft arbeiten sie unabhängig von anderen.

Typische Stärken

- Stärken:
  - ergebnisorientiert
  - entscheidungsfreudig

- liebt Herausforderungen
- unabhängig
- bringt die Dinge ins Rollen
- im Team: richtungsweisender Motor
- in der Führungsrolle: bringt Dinge ins Rollen und managt Probleme und Unruhen

Typische Schwächen

– Schwächen:
  - ungeduldig
  - kontaktarm
  - schlechter Zuhörer
  - Entscheidungen evtl. vorschnell
  - schwieriger Teammitarbeiter
  - stellt zu hohe Anforderungen an andere
  - übersieht Risiken

Folgerungen

– Die Ziele bzw. das Umfeld, das zum Erreichen der Ziele nötig ist, sollte bei ausgeprägt *dominanten* Persönlichkeiten durch folgende Eigenschaften gekennzeichnet sein:
  - Entscheidungsfreiheit, selbstständiges Arbeiten
  - Herausforderungen
  - große Projekte
  - möglichst wenig Kontrolle
  - möglichst wenig Detailarbeit

Wenn »D« Ihre vorherrschende Verhaltenstendenz ist, haben Sie in der Regel kein Problem damit, Ihre Ziele zu erreichen. Sie haben Leidenschaft, und Sie sind zielorientiert.

TIPP Bei Ihrer Persönlichkeitsstruktur kann es sinnvoll sein,

– zu lernen, mit anderen im Team zusammenzuarbeiten, ohne gleich das Kommando übernehmen zu wollen;
– im Team die eigenen Gedankengänge zu erläutern, statt nur die Schlussfolgerungen zu nennen;
– andere wegen ihres Einsatzes anerkennen.

Initiative (I)

Initiative Menschen

Menschen mit ausgeprägt *initiativer* Verhaltensdimension lassen sich als gesprächig und offen charakterisieren. In ihren Augen besteht ihr Umfeld hauptsächlich aus Menschen, die ermutigt und angespornt werden müssen. Ausgeprägt *initiative* Persönlichkeiten sind aufgeschlossen, freundlich und überzeugend.

– Stärken:

Typische Stärken

- knüpft Kontakte
- verbreitet Optimismus und Begeisterung
- kann das Leben genießen
- kommuniziert gut und gerne
- schafft eine motivierende Atmosphäre
- im Team: stellt Kontakte her
- in Führungsrolle: ermöglicht offene Kommunikation, sucht nach Übereinstimmung bei endgültigen Entscheidungen

– Schwächen:

Typische Schwächen

- abhängig von Anerkennung
- unorganisiert
- scheut Konfrontation
- führt Angefangenes nicht zu Ende
- redet zu viel
- kann schlecht allein sein
- achtet nicht auf Genauigkeit

– Die Ziele bzw. das Umfeld, das zum Erreichen der Ziele nötig ist, sollte bei ausgeprägt *initiativen* Persönlichkeiten durch folgende Eigenschaften gekennzeichnet sein:

Folgerungen

- Abwechslung
- Menschen
- Zeit zum Genießen des Lebens
- möglichst wenig Detailarbeit
- flexible Bedingungen
- Gelegenheit zum Kommunizieren
- öffentliche Anerkennung

Wenn »I« Ihre vorherrschende Verhaltenstendenz ist, haben Sie jede Menge Begeisterung und Leidenschaft, aber möglicherweise zu viele Ziele oder auch zu unscharfe Ziele.

TIPP

Bei Ihrer Persönlichkeitsstruktur kann es sinnvoll sein,

– Vorgehensweisen zu erlernen, die es Ihnen ermöglichen, Aufgaben geordnet und rechtzeitig zu erledigen;
– Fähigkeiten zu entwickeln, direkt und ohne Scheu mit zwischenmenschlichen Konflikten umzugehen;
– ein besseres Zeitmanagement zu entwickeln.

Stetigkeit (S)

Stetige Menschen

Menschen mit ausgeprägt *stetiger* Verhaltensdimension lassen sich als besonders verlässlich und kooperativ charakterisieren. Sie sind berechenbar, verlässlich und kooperativ.

Typische Stärken

- Stärken:
  - schafft Harmonie
  - guter Teamarbeiter
  - hört gut zu
  - loyal
  - schafft stabiles Umfeld
  - im Team: harmonisiert, führt spezialisierte Arbeiten aus
  - in Führungsrolle: unterstützt andere, ihre Arbeit zu tun
- Schwächen:
  - unentschlossen
  - kann nicht Nein sagen
  - zu defensiv
  - scheut Auseinandersetzung
  - zu kompromissbereit
  - stellt eigene Wünsche zu schnell zurück
  - kommt schwer mit Veränderungen zurecht

Folgerungen

- Die Ziele bzw. das Umfeld, das zum Erreichen der Ziele nötig ist, sollte bei ausgeprägt *stetigen* Persönlichkeiten durch folgende Eigenschaften gekennzeichnet sein:
  - Sicherheit, Stabilität
  - Zeit, sich auf Veränderungen einzustellen
  - Arbeit im Team
  - Anerkennung für die eigene Person
  - geklärte Erwartungen
  - Harmonie
  - klare, gute Beziehungen

Wenn »S« Ihre vorherrschende Verhaltenstendenz ist, ist das Thema Ziele setzen wahrscheinlich eine echte Herausforderung an Sie. Sie sind eher prozessorientiert (»Der Weg ist das Ziel«), als zielorientiert in dem Sinne, ständig den angestrebten Endzustand im Blick zu haben.

TIPP

Bei Ihrer Persönlichkeitsstruktur kann es sinnvoll sein,

- Fähigkeiten zu entwickeln, auch auf unerwartete Veränderungen einzugehen;

– Diskussion in Gang zu setzen, um unklare Situationen zu klären;
– neue Herausforderungen zu suchen und anzunehmen.

Gewissenhaftigkeit (G)

Gewissenhafte Menschen

Menschen mit ausgeprägt gewissenhafter Verhaltensdimension lassen sich als diszipliniert und besorgt charakterisieren. Sie versuchen, Schwierigkeiten aus dem Weg zu gehen und möglichst Ordnung zu bewahren. Ihre Sorgfalt und Genauigkeit sind für andere beispielhaft.

Typische Stärken

– Stärken:
  - Detailfreude und Qualitätsbewusstsein
  - denkt kritisch, hinterfragt
  - ausdauernd
  - beachtet Regeln und Normen
  - im Team: konzentriert auf wichtige Details
  - in Führungsrolle: legt Wert auf Vollendung von Aufgaben und will, dass Prozeduren befolgt werden

Typische Schwächen

– Schwächen:
  - verliert sich im Detail
  - Hang zum Perfektionismus
  - Gefahr, sich auf Beobachterposten zurückzuziehen
  - »es richtig zu machen« hat zu viel Bedeutung
  - wenig Flexibilität, trifft Entscheidungen zu langsam
  - manchmal zu pessimistisch

Folgerungen

– Die Ziele bzw. das Umfeld, das zum Erreichen der Ziele nötig ist, sollte bei ausgeprägt *gewissenhaften* Persönlichkeiten durch folgende Eigenschaften gekennzeichnet sein:
  - geklärte Erwartungen
  - Regeln, Normen
  - Begründung für Veränderungen
  - Anerkennung für geleistete Arbeit
  - klare Aufgabenbeschreibung
  - Gelegenheit zum Nachfragen
  - Aufgaben, die Genauigkeit benötigen

Wenn »G« Ihre vorherrschende Verhaltenstendenz ist, sind Sie jemand, der das Detail möglicherweise mehr liebt als das große Ziel. Sie sind eher abwartend, kritisch, hinterfragend. Der große Wurf eines Ziels fällt Ihnen nicht leicht.

TIPP Bei Ihrer Persönlichkeitsstruktur kann es sinnvoll sein,

- bestehende Qualitätsansprüche durch Terminbewusstsein auszugleichen. Geben Sie sich auch einmal mit einer 80-Prozent-Lösung zufrieden.
- Bereitschaft zu entwickeln, über Leistungsmaßstäbe zu verhandeln;
- Rechthaberei und Sturheit zu vermeiden.

Überall Vorzüge und Nachteile

Welche Tendenz bei Ihnen auch immer vorherrscht – jede Verhaltensdimension hat Vorzüge und Nachteile.

Der Erfolg Ihres Lebens hängt nicht davon ab, ob nun D, I, S oder G besonders stark ausgeprägt ist. Viel wichtiger ist es, dass Sie sich selbst gut kennen und beim Setzen und Verfolgen Ihrer Ziele die Stärken Ihrer Persönlichkeit nutzen, ohne Ihre Schwächen zu ignorieren.

Weitere exzellente Tipps zum Thema DISG® finden Sie in dem Buch »Das 1x1 der Persönlichkeit« von Lothar J. Seiwert und Friedbert Gay (Offenbach: GABAL Verlag).

Berücksichtigen Sie Ihre Wertvorstellungen

Der Zweck mancher Ziele

Manches Ziel, das sich ein Mensch setzt, dient dazu, Erwartungen anderer Menschen zu erfüllen oder dem Zeitgeist gerecht zu werden. Das Ziel und die mit seinem Anstreben verbundenen Bemühungen erfüllen dann vor allem den Zweck, »dazuzugehören«.

Werte beinflussen Ihr Verhalten

Das ist auch kein Problem, solange die Ziele nicht den grundlegenden persönlichen Wertvorstellungen widersprechen. Wenn Sie sich auf Ziele einlassen, die sich *nicht* mit Ihren Wertvorstellungen decken, dann geraten Sie früher oder später in einen Konflikt. Denn Ihre Werte haben einen enormen Einfluss auf Ihr Verhalten. Sie können sich nicht über einen längeren Zeitraum mit Leidenschaft einem Ziel widmen, hinter dem Sie letztlich nicht hundertprozentig stehen. Das gilt für Ihr Privatleben genauso wie für Ihren Beruf.

Bitte verwechseln Sie Werte nicht mit bloßen Absichtserklärungen. Werte sind die Grundlage Ihres Handelns, das heißt, sie äußern sich in dem, was Sie tun.

Nicht alle Werte sind gleichrangig

Kein Mensch ist in der Lage, stets allen wichtigen Werten gleichzeitig gerecht zu werden. Jedoch sind auch nicht alle Werte gleichrangig. Daher verlieren Sie in einer solchen Situation trotzdem nicht die Orientierung.

Welches sind nun die Werte, die in Ihrem Leben eine besonders herausragende Rolle spielen? Welche Werte sind Sie bereit zu verteidigen, sollte das Ausleben dieser Werte einmal bedroht sein?

Werte mobilisieren Kräfte

Es ist wichtig, auf diese Fragen eine Antwort zu wissen, denn Werte mobilisieren Kräfte. Sie sollten sich daher nur solche Ziele setzen, die mit ihren persönlichen Wertvorstellungen übereinstimmen. Wo dies nicht geschieht, werden die in Ihnen liegenden Kräfte nur halbherzig aktiviert, und das Anstreben des betroffenen Zieles steht in Gefahr, zum Krampf zu werden.

Werte im Grundgesetz

Einige grundlegende Wertvorstellungen sind im Grundgesetz niedergeschrieben. Dazu gehören Werte wie Menschenwürde, freie Entfaltung der Persönlichkeit, Gleichberechtigung, Freiheit, Gerechtigkeit und Sicherheit. Diese Werte werden durch Einrichtungen wie Gerichte, die Polizei usw. gesichert und bilden die – nicht selbstverständlichen – Rahmenbedingungen für das tägliche Leben. Sie sind damit eine Voraussetzung für viele persönliche Zielsetzungen.

Erkennen Sie Ihre persönlichen Werte

Diese Übung unterstützt Sie dabei, sich über Ihre persönlichen Werte klarer zu werden. Sie hilft Ihnen außerdem, die Werte zu entdecken, die Sie künftig stärker zum Ausdruck bringen möchten. Tragen Sie in die Übersicht ein, wie wichtig Ihnen die jeweiligen Aspekte sind und welche Bedeutung sie in Ihrem Leben heute tatsächlich haben. Legen Sie dann fest, was Sie tun werden, wenn es Abweichungen gibt.

Wie wichtig ist mir …	Geben Sie je eine Note von 1–6 (1 = sehr wichtig 6 = unwichtig)	Wie ist die Realität (Note 1–6) (1 = sehr wichtig 6 = unwichtig)	Abweichung	Was werde ich tun?
(Beispiel) … ein gutes Verhältnis zu Kollegen und Familie?	2	4	2	– Jeden Tag einen Koll. loben – 4 Kollegen zur nächsten Geburtstagsfeier einladen

Ihre Werte – Wunsch und Realität

Wie wichtig ist mir …	Geben Sie je eine Note von 1–6 (1 = sehr wichtig 6 = unwichtig)	Wie ist die Realität (Note 1–6) (1 = sehr wichtig 6 = unwichtig)	Abweichung	Was werde ich tun?
… ein gutes Verhältnis zu Kollegen und Familie?				
… ein hohes berufliches Ansehen?				
… das Erreichen von persönlichen Zielen?				
… Teamfähigkeit und Zusammenarbeit mit anderen?				
… Freizeit und Vergnügen?				
… Wohlstand und Reichtum?				
… Gesundheit und Fitness?				
… ein wichtiger Beitrag für die Gesellschaft?				
… das Respektieren von Erfolgen anderer?				
… Unabhängigkeit, Ungebundenheit und Entfaltungsfreiheit?				
… persönliches und geistiges Wachstum (Weiterbildung etc.)?				
… Zeit mit meiner Familie und engen Freunden?				
… die Karriere und die berufliche Herausforderung?				
… verantwortungsbewusstes Verhalten?				
… Zeit für Gott und Fragen nach dem Sinn?				

Die Punkte aus der Spalte »Was werde ich tun?« können Sie nun in in das Blatt übertragen, auf das Sie am Ende von Schritt 1 Ihre persönlichen Ziele geschrieben haben. Falls Sie in die Spalte bereits konkrete Termine notiert haben, übertragen Sie diese nun in Ihren Terminkalender bzw. Ihr Zeitplanbuch.

TIPP

Reibungsverluste aufspüren und abstellen

Überall dort, wo es Widersprüche zwischen Ihren Zielen und Ihren Wertvorstellungen gibt, entstehen Reibungsverluste. Diese Verluste sollten Sie aufspüren und abstellen. Schauen Sie sich dazu diejenigen Werte genauer an, die Sie eben als besonders wichtig eingeschätzt haben. Tragen Sie diese in die folgende Übersicht ein. Wenn es weitere Werte gibt, die für Sie sehr wichtig sind, tragen Sie diese ebenfalls hier ein. Denken Sie anschließend darüber nach, wo durch diese Werte Reibungsverluste entstehen und was Sie tun können, um diese Probleme zu beheben.

Meine Werte	Wo führen diese Werte in meinem Leben zu Reibungsverlusten?	Was kann ich ändern?
(Beispiel) Verantwortungsbewusstes Verhalten	Im Beruf sind zu oft teure Schnellschüsse gefragt, die nicht nachhaltig wirken. Ich kann häufig nicht hinter den mir gestellten Schnellschuss-Zielen stehen.	Ich suche mittelfristig eine Stelle mit einem Umfeld, bei dem verantwortungsbewusstes Handeln mehr geschätzt wird.

Wenn sich Ziele und Werte nicht decken

Wenn Sie feststellen, dass es in Ihrem Leben Ziele gibt, die sich nicht mit Ihren Werten decken, dann haben Sie im Grunde zwei Möglichkeiten:

1. Sie wählen andere Ziele bzw. suchen sich ein Umfeld, in dem solche Ziele gefragt sind, mit denen Sie sich eher identifizieren können.
2. Sie überdenken Ihre Wertvorstellungen.

Die zweite Möglichkeit ist eine sehr persönliche Sache. Ihre Wertvorstellungen können Sie nur in Zusammenhang mit Ihrem bisherigen Leben verstehen und weiterentwickeln. Bei der Frage, welche Werte für einen Menschen wichtig sind, spielen das Elternhaus, der Partner, Freunde, der Glaube und Sinnfragen eine entscheidende Rolle.

Forschen Sie nach den Wurzeln Ihrer Werte

Welche Wertvorstellung wollen Sie überdenken?

____

Welchen Nutzen konnten Sie bisher aus der betroffenen Wertvorstellung ziehen?

____

Welche Nachteile bringt das Ausleben dieser Wertvorstellung mit sich?

____

Leben der Eltern

Kommt der betroffene Wert im Leben Ihres Vaters bzw. Ihrer Mutter ähnlich stark wie bei Ihnen zum Ausdruck?

____

Wenn ja: Welchen Nutzen konnte Ihr Vater bzw. Ihre Mutter aus der betroffenen Wertvorstellung ziehen?

____

Welche Nachteile brachte das Ausleben dieser Wertvorstellung mit sich?

____

Wenn Sie an Ihren Partner oder an Ihren besten Freund bzw. Ihre beste Freundin denken: Wie steht er bzw. sie zu der betroffenen Wertvorstellung?

Sicht des Partners oder besten Freundes

Entscheidende Wurzeln ankern häufig im Glauben. Wurden Sie religiös erzogen?

Wurzeln im Glauben

Welche Rolle spielt der Glaube in Ihrem heutigen Leben?

Was tun Sie, um Ihren Glauben weiterzuentwickeln?

Was gibt Ihrem Leben Sinn?

Wollen Sie der betroffenen Wertvorstellung künftig eher mehr oder eher weniger Raum in Ihrem Leben geben?

Veränderungen andenken

Wie werden Ihre Eltern darauf reagieren?

Wie wird Ihr Partner oder Ihr bester Freund bzw. Ihre beste Freundin darauf reagieren?

Welche Auswirkung hätte die Veränderung mit Blick auf Ihren Glauben?

Richten Sie Ihre Ziele langfristig aus

Entscheidende Fragen Welche Spuren wollen Sie hinterlassen? Wenn Sie am Ende Ihres Lebens zurückblicken: Was möchten Sie in Ihrem Leben bewirkt oder erreicht haben? Welchen Beitrag möchten Sie für sich selbst, Ihre Familie, die Gesellschaft oder die Menschheit geleistet haben? Wie stellen Sie sich die letzten Jahre Ihres Lebens vor?

Beim Nachdenken darüber, welches für Sie die richtigen Ziele sind, ist es nützlich, immer wieder Fragen wie diese zu stellen. Wenn Sie Ihr Leben aus einer langfristigen Perspektive heraus betrachten, klärt sich an vielen Stellen die Frage nach dem, was heute richtig und wichtig ist.

Normale Denkweise Der Ansatz, das Leben vom Ende her zu denken, ist zunächst etwas ungewöhnlich. Die normale Denkweise sieht meist in etwa so aus:

1. Was tue ich heute?
2. Was könnte ich morgen tun?
3. Nächste Woche könnte ich vielleicht …
4. Nächstes Jahr? So weit denke ich nicht voraus.
5. Was am Ende herauskommen soll? Das wird sich zeigen. Darauf habe ich sowieso keinen Einfluss.

Neue Denkweise Die neue Denkweise, zu der ich Sie hier einlade, kehrt die Reihenfolge genau um:

1. Wie soll mein Leben am Ende einmal aussehen? Was möchte ich dann machen, besitzen, geschafft haben usw.?
2. Wenn ich letztlich dahin kommen möchte: Was muss ich dann in den kommenden Lebensabschnitten tun?
3. Was muss ich dazu im aktuellen Lebensabschnitt erreichen?
4. Wie soll dann das kommende Jahr aussehen?
5. Was muss ich in den kommenden Wochen und Monaten tun, um mein Jahresziel zu erreichen und damit zugleich meinem Endziel ein Stück näher zu kommen?
6. Wie kann ich dies in den kommenden Tagen in meinem Alltag umsetzen?

Ein »Zielfoto« erarbeiten Die Frage »Was soll ganz am Ende stehen?« lässt sich mit Worten, aber auch mit Bildern beschreiben. Die Worte und Bilder lassen sich zu einem »Zielfoto« verdichten. Ein solches Zielfoto ist das Ergebnis der folgenden Übung.

Erstellen Sie Ihr Zielfoto, Teil 1 (Inspirierende Fragen)
Um Ihr Zielfoto zu erarbeiten, beantworten Sie zunächst die folgenden Fragen.

Wenn Sie manchmal so vor sich hinträumen: Was sehen Sie sich da am liebsten tun? **Träumen**

Wenn Zeit und Geld keine Rolle spielten, was würden Sie dann am liebsten tun? **Zeit und Geld**

Angenommen, Sie hätten mit dem, was Sie tun, auf jeden Fall Erfolg: Was wäre das? **Erfolg**

Welche Tätigkeiten in Ihrem Berufsleben haben für andere den größten Nutzen? **Nutzen**

Welche Tätigkeiten in Ihrem Privatleben haben für andere den größten Nutzen?

Erstellen Sie Ihr Zielfoto, Teil 2 (Lebenshüte)

Sie tragen Lebenshüte

In Ihrem Leben nehmen Sie eine Reihe verschiedener Rollen ein. Vielleicht sind Sie beispielsweise Ehemann, Vater, Sohn, Bruder, Abteilungsleiter, Mitglied des Stadtrates sowie Angehöriger des Kirchenvorstands. Statt von Lebensrollen können wir auch von Hauptaufgaben sprechen oder auch von Lebenshüten, die Sie sich je nach Situation gerade aufsetzen.

Maximal sieben

Tragen Sie die Rollen bzw. Lebenshüte ein, die mit Blick auf Ihr ganzes Leben besonders wichtig sind und die Sie über einen längeren Zeitraum ausfüllen. Beschränken Sie sich dabei auf sieben Rollen bzw. Lebenshüte. Fassen Sie eventuell ähnliche Rollen zusammen. Beispielsweise wollen Sie vielleicht die Rollen »Ehemann«, »Vater«, »Sohn« und »Bruder« zur Rolle »Familienmitglied« zusammenfassen.

1. Lebenshut

____

2. Lebenshut

____

3. Lebenshut

____

4. Lebenshut

____

5. Lebenshut

____

6. Lebenshut

____

7. Lebenshut

____

Erstellen Sie Ihr Zielfoto, Teil 3 (80. Geburtstag)

Stellen Sie sich nun vor, Sie würden Ihren 80. Geburtstag feiern. Es kommen nicht nur Ihr Ehepartner, Ihre Kinder und Freunde, sondern auch ehemalige Weggefährten aus dem Berufsleben sowie aus den Gruppen und Vereinen, in denen Sie sich engagiert haben. Mit Blick auf jede Ihrer sieben Lebensrollen ist jemand da, der Sie beim Ausleben dieser Rolle über Jahre erlebt hat. Alle halten eine kurze Rede und fassen jeweils in wenigen Sätzen zusammen, was Sie ihnen bedeutet haben.

Was werden Sie anderen bedeutet haben?

Notieren Sie: Was wünschen Sie sich, dass diese Leute von Ihnen sagen? Überlegen Sie aber auch: Wie würden die Aussagen lauten, wenn Sie Ihr Leben exakt so weiterlebten wie bisher? Falls die Aussagen nicht übereinstimmen: Was wollen Sie tun?

Wunsch und Wirklichkeit

Person	**Welche Aussage wünschen Sie sich?**	**Was würde die Person heute sagen?**	**Was wollen Sie tun?**
(Beispiel) Ältestes Kind	Er/Sie hat mir geholfen, zu einer starken und mündigen Persönlichkeit zu werden.	Er/Sie wusste nicht viel darüber, was mir wirklich wichtig ist.	Mehr und intensiver Zeit miteinander verbringen; über Pfingsten zu zweit verreisen.
Jemand, der Sie mit Blick auf den 1. Lebenshut sehr gut kennt:			
Jemand, der Sie mit Blick auf den 2. Lebenshut sehr gut kennt:			
Jemand, der Sie mit Blick auf den 3. Lebenshut sehr gut kennt:			

Person	Welche Aussage wünschen Sie sich?	Was würde die Person heute sagen?	Was wollen Sie tun?
Jemand, der Sie mit Blick auf den 4. Lebenshut sehr gut kennt:			
Jemand, der Sie mit Blick auf den 5. Lebenshut sehr gut kennt:			
Jemand, der Sie mit Blick auf den 6. Lebenshut sehr gut kennt:			
Jemand, der Sie mit Blick auf den 7. Lebenshut sehr gut kennt:			

Erstellen Sie Ihr Zielfoto, Teil 4 (Beschreibung des Zielfotos)

Spüren Sie nun der Antwort auf die Frage weiter nach, wie Ihr Leben am Ende einmal aussehen soll. Im ersten, zweiten und dritten Teil dieser Übung haben Sie dazu bereits einige Anregungen bekommen. Was möchten Sie in Ihrem Leben erlebt oder geschafft haben? Berücksichtigen Sie beim Erarbeiten Ihres Zielfotos alle Lebensbereiche.

Alle Lebensbereiche berücksichtigen

Beschreiben Sie möglichst gegenständlich und emotional, wie Sie sich Ihr Zielfoto vorstellen. Schwelgen Sie dabei ruhig in Gefühlen. Verstärken Sie die Kraft Ihrer Worte auch durch Bilder oder Fotos, die Ihren Vorstellungen nahe kommen. Viele Künstler gehen übrigens genauso vor. Bevor sie eine Arbeit tatsächlich realisieren, fertigen sie Skizzen und Modelle an. Diese Vorarbeiten dienen einerseits der Planung, andererseits aber auch der Motivation. So hatte Christo bereits 1971 die erste Zeichnung für »Verhüllter Reichstag, Projekt in Berlin« angefertigt. Immer neue Skizzen, Collagen und maßstabsgerechte Modelle folgten – bis im Juni 1995 das Werk endlich von unzählbaren Besuchern aus aller Welt bestaunt werden konnte.

Gegenständlich und emotional schreiben

Erarbeiten Sie Ihr Zielfoto nicht nur in Gedanken, sondern schreiben Sie Ihre Vorstellungen und Überlegungen auch auf. Verfassen Sie die Beschreibung Ihres Zielfotos in der Gegenwartsform – so, als ob es bereits Wirklichkeit wäre.

Da der Platz hier nicht ausreichen wird, legen Sie dafür sich am besten einige Seiten in Ihrem Zeitplanbuch an. Oder Sie kaufen sich ein Fotoalbum, in das Sie inspirierende Fotos aus Magazinen und anderen Quellen kleben und mit Beschreibungen versehen.

Inspirierende Fotos sammeln

Erstellen Sie Ihr Zielfoto, Teil 5 (Lebensmotto)

Motto erarbeiten

Nachdem Sie nun Ihr Zielfoto erarbeitet haben, besteht die nächste Herausforderung darin, die Beschreibung dieses Zielfotos auf wenige Worte zu reduzieren. Ziel ist es, den Kern in einem einzigen Satz – Ihrem Lebensmotto – zusammenzufassen. Dieses Motto sollte einprägsam und kommunizierbar sein.

Das Motto ist wie eine Richtschnur

Sie werden im Leben immer wieder vor der Frage stehen, welches Ziel für Sie das richtige ist. Vielleicht haben Sie beispielsweise mehrere scheinbar gleichwertige Alternativen und wissen nicht, welche Sie wählen sollen. Wenn Sie dann an Ihr Motto denken, rufen Sie damit gleichzeitig Gedanken an Ihr Zielfoto hervor. Sie erinnern sich an das, was Ihnen auf lange Sicht hin wichtig ist. Das wird es Ihnen leichter machen, sich für das richtige Ziel zu entscheiden. Das Motto ist für Sie dann wie eine Art Richtschnur.

Ihr Lebensmotto sollte folgende Eigenschaften haben:

- persönlich
- positiv
- verfasst in der Gegenwartsform
- visualisierbar
- emotional

Beispiel Jörg Knoblauch

Ich könnte Sie nun einfach bitten: »Schreiben Sie Ihr Lebensmotto auf.« Doch stehen die Chancen schlecht, dass Sie dieser Bitte auch tatsächlich aus dem Stegreif nachkommen können. Es ist normalerweise eine harte Arbeit, ein treffendes Lebensmotto zu finden. Ich habe einige Jahre gebraucht, um mein Lebensmotto zu entwickeln. Es heißt »Work hard, pray hard, give people vision.«

- »Work hard« bedeutet: Ja, ich bin bereit, morgens früh aufzustehen und den Tag zu nutzen.
- »Pray hard« soll heißen: Ich weiß auch, dass letztlich alles von der Güte Gottes abhängig ist. Deshalb nehme ich mir auch Zeit für Gebet und Bibel.
- »Give people vision« bedeutet für mich zum Beispiel, Bücher zu schreiben, Seminare durchzuführen, aber auch für andere da zu sein, wo immer ein ermutigendes Wort hilfreich ist.

Weitere Beispiele

Einige weitere Beispiele:

- Das Lebensmotto des Paracelsus lautete: »Wer sein eigener Herr sein kann, unterwerfe sich keinem anderen.«
- Gerhard Tersteegen lebte den Satz: »Reich ist, wer viel hat. Reicher ist, wer wenig braucht. Am reichsten ist, wer viel geben kann.«
- In eine ähnliche Richtung geht das Motto von John Wesley: »Erwirb so viel du kannst; spare so viel du kannst; gib so viel du kannst.«

Formulieren Sie nun Ihr Zielfoto in Form eines eigenen Lebensmottos.

____

____

____

Setzen Sie an den wirksamsten Stellen an

David und Goliath

Israel vor 3000 Jahren: Zwei Streitmächte stehen sich gegenüber. Im Mittelpunkt des Geschehens stehen zwei Männer, David und Goliath. Letzterer hat einen Vorschlag gemacht: Stellvertretend für die Heere soll es einen Zweikampf von Mann zu Mann geben. Das Heer des Verlierers soll sich der Siegerpartei dieses Kampfes unterordnen und ihr dienen. Goliath fühlt sich auf der sicheren Seite, denn er ist groß und stark, und wo er auftaucht, entstehen Furcht und Schrecken.

David dagegen ist ein Jüngling ohne jede Kriegserfahrung. Seine Aufgabe bestand bisher darin, die Schafe seines Vaters zu hüten. Und trotzdem traut er sich zu, die Herausforderung anzunehmen. Denn beim Schafehüten hatte er es schon mit einem Löwen und einem Bären zu tun gehabt, deren Angriffe er erfolgreich abzuwehren wusste.

Goliath trägt ein Schwert bei sich, David dagegen wählt fünf glatte Steine aus dem Bach und nimmt seine Schleuder in die Hand. Goliath macht sich über David lustig und verachtet ihn lauthals.

David gewinnt den Kampf

Wir wissen, wie die Geschichte ausgeht: Als der Kampf beginnt, nimmt David einen Stein aus seiner Hirtentasche, schleudert ihn mit Geschick Goliath an die Stirn. Der Stein durchschlägt die Schädeldecke, der Riese sackt zusammen. Als die Philister sehen, dass ihr stärkster Kämpfer tot ist, fliehen sie.

Was uns die Bibel in 1. Samuel 17 berichtet, ist die Geschichte eines jungen Mannes, der nicht nur mutig ist, sondern auch weiß, dass er das Unmögliche erreichen kann, wenn er seine ganze Aufmerksamkeit und Kraft auf die wirksamste Stelle konzentriert. Auch wenn die Geschichte schon sehr alt ist: Diese Aussage gilt heute genauso wie vor 3000 Jahren.

Suche nach dem wirksamsten Punkt

Wenn Sie sich fragen, welche Ihrer Ziele Ihren vollen Einsatz verdienen, dann können Sie sich an diesem Prinzip orientieren. Die Suche nach dem wirksamsten Punkt hilft Ihnen dabei, die Frage nach den richtigen Zielen zu beantworten.

Wenn sie vor eine Herausforderung gestellt sind, erhöhen viele Menschen ihren Ressourceneinsatz, statt sich auf den wirksamsten Punkt zu konzentrieren. Sie versuchen, durch mehr Arbeit, höheren Kapitaleinsatz oder mehr Kraftaufwand zum gewünschten Ergebnis zu kommen.

Hektik und Verzettelung

Manchmal stellt sich die gewünschte Wirkung tatsächlich ein, häufiger aber führt diese Strategie zu Hektik und zu einer Verzettelung der Kräfte. Das Ergebnis sind durchschnittliche Leistungen oder gar Mißerfolge. Denn wenn Sie zu viele Ziele verfolgen, haben Sie es schwer, etwas Besonderes zu leisten. Wenn Sie Klarheit über den wirksamsten Punkt gewinnen, bleiben Sie vor der Verzettelung bewahrt.

Es gibt im Leben viele Wege zum Erfolg – aber die Verzettelung der Kräfte gehört nicht dazu.

Jedes Jahr hat 365 Tage, und jeder Tag hat 24 Stunden. Obwohl alle gleich viel Zeit haben, kommen die Menschen unterschiedlich schnell voran. Wie rasch Sie Ihren Zielen näher kommen, ist natürlich auch davon abhängig, wie glücklich die Umstände sind, die Sie antreffen. Sie dürfen aber das Glück und den Zufall nicht überbewerten. Viel wichtiger ist es, ob Sie an den richtigen Stellen ansetzen.

Nicht nur Glück und Zufall

Doch wie finden Sie heraus, auf welche Ziele Sie Ihre Kraft konzentrieren sollen? Hier hilft uns die so genannte Pareto-Analyse weiter. Sie ist eine einfache und anschauliche Methode, um aus den vielen möglichen Zielen die richtigen auszuwählen.

Pareto-Analyse

Der italienische Wirtschaftswissenschaftler Vilfredo Pareto (1848–1923) entwickelte die Methode gegen Ende des 19. Jahrhunderts im Zusammenhang mit seinen Untersuchungen zur Verteilung des Volksvermögens. Er stellte fest, dass 20 Prozent der Menschheit 80 Prozent des Reichtums auf sich vereinigten. Daraus folgte die Empfehlung an die Banken, sich vor allem um diese 20 Prozent als Kunden zu bemühen. Damit wäre ein Großteil des Geschäftes gesichert. Auch in anderen Zusammenhängen war zu beobachten, dass etwa 80 Prozent aller beobachtbaren Erscheinungen auf nur 20 Prozent aller relevanten Ursachen zurückzuführen sind.

Interessante Zusammenhänge

Einige Beispiele (die Sie bitte nicht auf das einzelne Prozent hin überprüfen, es geht hier um die Größenordnungen):

- 20 Prozent der Produkte bringen 80 Prozent des Umsatzes.
- 20 Prozent der Teppichfläche tragen 80 Prozent des Verschleißes.
- 20 Prozent unserer Kleidung tragen wir 80 Prozent unserer Zeit.
- 20 Prozent der möglichen Ursachen sind für 80 Prozent der Reklamationen verantwortlich.
- 20 Prozent der Mitarbeiter teilen sich 80 Prozent der Krankentage.
- 20 Prozent aller Anrufer sorgen für 80 Prozent aller Telefonanrufe.

Beispiele

Daher spricht man auch von der 80/20-Regel. Ihr liegt die Erfahrung zugrunde, dass Aufwand und Ergebnis oft in einem nichtlinearen Verhältnis stehen: 80 Prozent der Arbeit lassen sich

20/80-Regel

mit einem Anteil von 20 Prozent des Gesamtaufwandes erledigen. Wer perfekt sein will, braucht für die restlichen 20 Prozent der Ergebnisse den vierfachen Aufwand bzw. 80 Prozent des Gesamtaufwandes!

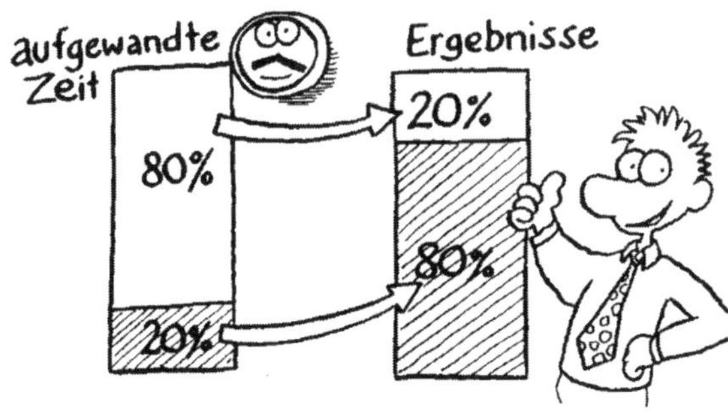

Die Pareto-Analyse anwenden

Die Pareto-Analyse kann Ihnen dabei helfen, die Ziele auszuwählen, bei denen Ihr Kraft- und Zeiteinsatz besonders viel Wirkung zeigt: Schlüsseln Sie auf, mit welchen Vorgängen Sie Ihre Zeit verbringen. Finden Sie dann heraus, welche 20 Prozent Ihrer Tätigkeiten die größten Effekte hervorrufen. Geben Sie diesen Handlungen künftig mehr Raum und setzen Sie sich entsprechende Ziele.

Bestimmen Sie für jeden Lebenshut das wichtigste Ziel

Sie haben das Buch von vorn bis zu dieser Stelle gelesen und die Übungen gemacht? Dann kennen Sie bereits Ihre (maximal sieben) Lebensrollen. Sie wissen auch, wohin Sie sich innerhalb dieser Lebensrollen einmal entwickeln möchten. Und Sie haben sich auch bereits Gedanken über Ihre Ziele gemacht, die Sie in den verschiedenen Bereichen Ihres Lebens momentan haben.

In dieser Übung geht es nun darum, diese Ziele den Lebensrollen zuzuordnen und für jede Rolle das wichtigste Ziel zu bestimmen. Scheuen Sie sich nicht vor dieser Aufgabe – sie ist wichtig, um die Frage nach den richtigen Zielen zu beantworten.

Jeweils das wichtigste Ziel bestimmen

Tragen Sie dazu auf der nächsten Seite Ihre Lebenshüte ein (Sie finden sie auf Seite 50). Schauen Sie sich anschließend die Ziele an, die Sie bereits formuliert haben (schauen Sie auf den Seiten 25 bis 27 nach). Welches Ziel passt zu welchem Lebenshut? Tragen Sie für jeden Lebenshut die jeweiligen Ziele ein. Sie können die Zeilen auch auffüllen und weitere Ziele formulieren. Entscheiden Sie sich schließlich bei jedem Lebenshut, welches Ziel in der gegenwärtigen Situation die größte Wirkung verspricht. Kreuzen Sie dieses Ziel an.

Das wichtigste Ziel für diesen Lebenshut = ☑

1. Lebenshut: .... **1. Lebenshut**

Ziel 1 ____________________ ☐

Ziel 2 ____________________ ☐

Ziel 3 ____________________ ☐

Ziel 4 ____________________ ☐

2. Lebenshut: .... **2. Lebenshut**

Ziel 1 ____________________ ☐

Ziel 2 ____________________ ☐

Ziel 3 ____________________ ☐

Ziel 4 ____________________ ☐

3. Lebenshut: .... **3. Lebenshut**

Ziel 1 ____________________ ☐

Ziel 2 ____________________ ☐

Ziel 3 ____________________ ☐

Ziel 4 ____________________ ☐

4. Lebenshut: .... **4. Lebenshut**

Ziel 1 ____________________ ☐

Ziel 2 ____________________ ☐

Ziel 3 ____________________ ☐

Ziel 4 ____________________ ☐

5. Lebenshut

5. Lebenshut: ....

Ziel 1 ______________________________ ☐

Ziel 2 ______________________________ ☐

Ziel 3 ______________________________ ☐

Ziel 4 ______________________________ ☐

6. Lebenshut

6. Lebenshut: ....

Ziel 1 ______________________________ ☐

Ziel 2 ______________________________ ☐

Ziel 3 ______________________________ ☐

Ziel 4 ______________________________ ☐

7. Lebenshut

7. Lebenshut: ....

Ziel 1 ______________________________ ☐

Ziel 2 ______________________________ ☐

Ziel 3 ______________________________ ☐

Ziel 4 ______________________________ ☐

Die Kraft bündeln

Wenn Sie sich bei jedem Lebenshut für das Ziel mit der größten Wirkung entschieden haben, ist das eine gute Sache. Sie wissen jetzt nämlich im Alltag, um welche Aufgabe Sie sich innerhalb jeder Lebensrolle bevorzugt kümmern müssen. Wie bei einem Laserstrahl können Sie nun Ihre Kraft bündeln. Zudem schaffen Sie sich ein Spiel, das Sie auch gewinnen können. Ist die Zahl der Ziele dagegen zu groß, besteht die Gefahr der Überforderung. Die Frage ist dann, ob Sie mit vertretbarem Aufwand überhaupt irgendwelche Ziele erreichen.

Bestimmen Sie das wichtigste Ziel in Ihrem Leben

Viel Zeit, wenig Effekt

Sind die Prioritäten nicht klar, neigen die meisten Menschen dazu, einfach das zu erledigen, was gerade ansteht bzw. das zu tun, was besonders viel Freude macht. Ob einen diese Tätigkeit aber dem wichtigsten Ziel näher bringt, ist unklar. Und so zeigt das Pareto-Prinzip auch hier seine Wirkung: Der größte Teil der Zeit wird mit Angelegenheiten verbracht, die zwar interessant sein mögen, aber nur wenig Effekt haben.

Wissen Sie aber, welches Ziel Sie vorrangig erreichen wollen, dann ist auch klar, welche Aufgabe Sie als Erstes anzugehen haben. Sie konzentrieren sich auf die wichtigen Punkte und erreichen in wenig Zeit viele Ergebnisse.

Vergleich: Glas füllen

Wie das kommt, verdeutlicht der folgende Vergleich: Stellen Sie sich ein Glas vor, in dem Sie Sand, kleine Kieselsteine sowie einen großen Stein unterbringen wollen. Wenn Sie mit dem Sand beginnen und danach die Kieselsteine einfüllen, ist das Glas schon so voll, dass der Stein nicht mehr hineinpasst.

So passt alles hinein

Wenn Sie dagegen zuerst den Stein in das Glas legen und dann die Kieselsteine einschütten, verteilen sie sich um den Stein herum. Der Sand kriecht mit etwas Schütteln schließlich in alle

Zwischenräume und füllt den verbleibenden Platz aus – alles passt hinein.

Wenn die Zeit einfach vorbei rinnt

Der Sand symbolisiert die vielen kleinen Aufgaben, die täglich auf Sie einströmen wie Telefonate, E-Mails, unangemeldete Besucher usw. Der Stein steht für Ihr wichtigstes Ziel. Wenn Sie nun beispielsweise jede E-Mail sofort nach dem Eintreffen lesen oder gar beantworten, füllt sich damit Ihr Glas langsam mit Sand. Der Tag geht vorbei, und um die wesentlichen Dinge haben Sie sich kaum gekümmert. Es ist einer jener Tage, von denen Sie am Ende sagen: »Was habe ich heute eigentlich geschafft?«

Den wirksamsten Punkt klar im Blick

Ganz anders verläuft der Tag, wenn Sie den wirksamsten Punkt klar im Blick haben und wissen, welche Ziele Sie heute vorrangig erledigen wollen. Sie beginnen dann mit der entsprechenden Aufgabe; der Sand lässt sich unproblematisch dazufüllen, weil Sie beispielsweise zu festgelegten Zeiten die eingetroffenen E-Mails gesammelt abarbeiten und sich dabei kurz fassen.

BIG BANG

Es lohnt sich also, immer wieder neu die Frage zu stellen: Was ist die eine Sache, die mich entscheidend voran bringt? Welches Ziel bekommt den Spitzenplatz auf meiner Liste? Dieses Ziel bezeichnen die Amerikaner übrigens als BIG BANG. BANG steht für *B*old *A*mbitious *N*oble *G*oal, also für »mutiges, ehrgeiziges, vortreffliches Ziel«.

Wenn es Ihnen schwer fällt, Ihre Ziele in eine Reihenfolge zu bringen, dann kann Ihnen die folgende Übung helfen.

Bestimmen Sie das wichtigste Ziel in Ihrem Leben

Wettstreit der Ziele

Wie beim Sport können auch Ihre Ziele in einen Wettstreit miteinander treten. Tragen Sie in die Zeilen beim Viertelfinale jeweils das wichtigste Ziel Ihrer sieben Lebensrollen ein. Sie finden diese Ziele auf den Seiten 59 und 60. In die unterste Zeile tragen Sie ein Ziel ein, das momentan in Ihrem Leben sehr wichtig ist, aber keiner Lebensrolle zugeordnet werden kann.

Entscheiden Sie sich jetzt jeweils für ein Ziel, das dann ins Halbfinale einzieht. Nachdem Sie sich im Halbfinale und im Finale jeweils entschieden haben, bleibt zum Schluss das Ziel übrig, das für Sie momentan am wichtigsten ist. Sie kennen nun Ihr BIG BANG!

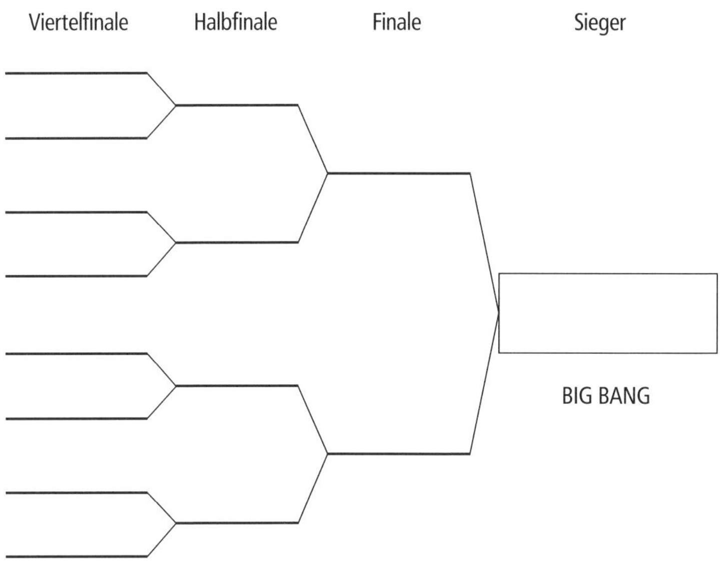

Wenn Ihr BIG BANG klar ist, dann überlegen Sie sich, was Sie alles tun müssen, um dieses Ziel zu verwirklichen. Wenn das BIG BANG in Ihrem Leben einen großen Raum einnimmt, dann passiert aber zusätzlich zu den geplanten Aktivitäten etwas Merkwürdiges: Sie werden im Alltag immer wieder neue Gelegenheiten entdecken, die Sie nutzen können, um sich Ihrem Ziel zu nähern.

Das BIG BANG verändert Ihre Wahrnehmung

Johann Wolfgang von Goethe formulierte diese Tatsache einmal so: »Sobald der Geist auf ein Ziel gerichtet ist, kommt ihm vieles entgegen.« Stellen Sie sich vor, Sie hätten sich über das Ziel keine weiteren Gedanken gemacht: Es ist gut möglich, dass Sie die eben angesprochenen Gelegenheiten dann gar nicht bemerken würden. Das hängt ganz einfach damit zusammen, dass das BIG BANG Ihre Aufmerksamkeit schärft und Ihr Unterbewusstsein Sie beim Erreichen des Zieles unterstützt.

Vieles kommt Ihnen entgegen

Entscheiden Sie sich spätestens jetzt

Es kann sein, dass Ihnen Ihre Ziele so lieb und teuer sind, dass Sie auch nach der Lektüre dieses Kapitels noch immer nicht wissen, welche Ziele Sie nun bevorzugt angehen sollen. Manche Menschen haben einfach Angst davor, sich für einige wenige wichtige und richtige Ziele zu entscheiden. Sie wissen: Jede Entscheidung für

Angst vor der Entscheidung?

ein bestimmtes Ziel ist zugleich eine Entscheidung gegen viele andere Ziele. Sie fürchten sich davor, sich festzulegen.

Eine riskante Strategie

Doch diese Strategie ist gewagt. Sie birgt das Risiko in sich, überhaupt kein Ziel zu erreichen. Wer sich nicht entscheiden kann, kommt nicht vom Fleck, sammelt weniger Erfahrungen, kann nicht dazulernen.

Durch mangelnde Entscheidungsfreude wird das Risiko – ob im Berufsleben oder privat – nicht verringert, sondern erhöht.

Geben Sie sich deshalb einen Ruck und versuchen Sie jetzt, sich aus der Fülle Ihrer Möglichkeiten für ein Ziel zu entscheiden und dieses konsequent zu verfolgen. Gelingt Ihnen diese Entscheidung nicht, können Sie aufhören, dieses Buch zu lesen.

Schritt 3
Erarbeiten Sie den Masterplan Ihres Lebens

»Keine deiner Handlungen geschehe aufs Geratewohl, keine anders, als es die Regeln der planvollen Lebensgestaltung gestatten.«

Marc Aurel

Sie wissen aus Schritt Eins, was Ziele von Wünschen unterscheidet und haben im zweiten Schritt die für Sie richtigen Ziele gewählt? Dann haben Sie sich bereits wichtige Grundlagen erarbeitet. Schritt Drei dient nun dazu, auf Basis dieser Grundlagen einen Masterplan anzufertigen.

Masterplan verschafft Orientierung

Dieser Masterplan wird wichtige Aspekte Ihres Lebens zusammenfassen und Ihnen Orientierung geben. Ausgehend von Ihren Lebenszielen werden Sie für jeden Lebensabschnitt überdenken, was Sie erreichen wollen. Anschließend werden Sie Ihre Jahres- und Quartalsziele ableiten.

Lohnt sich der Aufwand?

Vielleicht fragen Sie sich, ob sich der Aufwand überhaupt lohnt, heißt es doch beispielsweise spöttisch: »Planung ersetzt den Zufall durch Irrtum«, und John Lennon meinte: »Life is what happens to you while you're busy making other plans.« (Leben ist das, was passiert, während du eifrig dabei bist, andere Pläne zu machen.) Aussagen wie diese stellen den Wert des Planens aber nicht grundsätzlich infrage. Sie machen uns nur bewusst, dass das Leben immer wieder Überraschungen bereithält.

Einen guten Plan kann man mit einer Leiter vergleichen. Wollen Sie beispielsweise auf einen Baum steigen, müssen Sie nicht dauernd nach tragfähigen Ästen suchen. Mit einer Leiter geht es schneller, mit weniger Aufwand und mit geringerem Risiko.

Der Sieg beginnt im Kopf

Berühmte Militärs begründeten ihre Siege mit guter Planung. Von Napoleon heißt es, dass er seine Schlachten im Kopf gewann, bevor er auf dem Feld seinen Gegner bezwang. Nie »stolperte« er in einen Sieg.

Egal um welche Unternehmung es sich handelt – Ihr Erfolg ist buchstäblich garantiert, wenn Sie wissen,

- wer Sie sind,
- was Sie wollen,
- wohin Sie gehen,
- wie Sie dahin kommen
- und was Sie tun werden, wenn Sie dort angekommen sind.

Planungszeit verkürzt Ausführungszeit

Genau um diese Dinge geht es beim Thema Masterplan. Zu planen bevor Sie handeln, hilft Ihnen, eine Sache besser, billiger und schneller zu erledigen. Wer sich Zeit fürs Planen nimmt, spart bei der Durchführung meistens so viel Zeit, dass sich dadurch die notwendige Gesamtzeit verkürzt.

Die Planung bietet eine ganze Reihe weiterer wichtiger Vorteile:

Vorteile des Planens

- Planung fördert die Konzentration auf das Ziel. Sie hilft das, was Ihnen die Zukunft verspricht, vor Augen zu sehen.
- Planung ermöglicht es, die Unschärfen Ihres Zieles zu glätten.
- Planung bietet Maßstäbe. Sie hilft Ihnen, Ihre Leistung einzuschätzen und die Fortschritte zu bewerten.
- Planung bereitet den Planer vor. Sie gibt Ihnen das notwendige Werkzeug an die Hand, um mit plötzlichen und unerwarteten Problemen umgehen zu können.
- Planung vermittelt Ihnen einen Eindruck davon, wie die unterschiedlichen Aufgaben und Aktivitäten ineinander greifen, um den Erfolg sicher zu stellen.
- Planung regt das Denken an und führt Sie weiter, indem sie Ihnen die nötige Anregung bietet, Sackgassen und Holzwege zu vermeiden. Sie liefert neue Erkenntnisse und Ideen.
- Planung vermittelt Ihnen eine Ahnung von dem, was Sie erwartet. Sie gestattet Ihnen, selbst zu entscheiden, ob die Investition das Risiko wert ist.
- Planung dient als Frühwarnsystem und gibt Ihnen die Gelegenheit, sich lieber in Ehren zurückzuziehen, anstatt später hinausgeworfen zu werden. Wenn Sie ein kurze Zeit in Planung investieren, kann Ihnen dies eine lange Zeit des Bedauerns und des Elends ersparen.

Mit Planung lässt sich viel erreichen

Normal begabte Menschen können mit einer guten Planung viel mehr erreichen als ein Genie, dass sich bloß durchs Leben treiben lässt. Egal, für wie begabt Sie sich halten: Wie groß Ihre persönlichen Möglichkeiten sind, werden Sie erst herausfinden, wenn Sie Ihre Talente auch tatsächlich einsetzen.

Thomas Alva Edison, der Erfinder der Glühbirne, brachte diesen Gedanken einmal so auf den Punkt: »Erfolg hat nur der, der etwas tut, während er auf den Erfolg wartet.« Es ist also entscheidend, nicht nur vom Erfolg zu träumen, sondern den Weg dorthin Schritt für Schritt zu planen und zu gehen.

Nutzen Sie die Vorteile der schriftlichen Planung

Aus den Augen, aus dem Sinn

Planen hat viel mit Nachdenken zu tun. Die Ergebnisse Ihres Denkprozesses sollten Sie auf jeden Fall aufschreiben. Was Sie nur in Gedanken festhalten, ist zu flüchtig, denn ein Gedanke wird vom nächsten Gedanken weggespült. Wenn Sie Ihren Plan nur im Kopf haben, werden Sie sehr wahrscheinlich niemals an seiner konsequenten Verwirklichung arbeiten. Pläne, die nicht aufgeschrieben werden, fallen dem Phänomen »aus den Augen, aus dem Sinn« zum Opfer!

Das Aufschreiben macht den Unterschied

In diesem Zusammenhang ist eine Beobachtung aus der Wirtschaftswelt interessant, bei der es ebenfalls um langfristige Vorstellungen geht: Unternehmen mit Visionen erzielen einen höheren Umsatz, erwirtschaften höhere Renditen und schreiben bei Innovationen schneller schwarze Zahlen als visionslose Unternehmen. Wichtig ist dabei, dass die Vision schriftlich formuliert und unternehmensintern publiziert wird, damit sie jeder Mitarbeiter kennt. Zwischen den Firmen, die keine Vision haben, und denen, die nur eine mündliche besitzen, zeigen die Messzahlen keine merklichen Differenzen. Im Aufschreiben liegt offenbar der besondere Wert.

Viele positive Effekte

Wenn Sie den Masterplan schriftlich bearbeiten, profitieren Sie von folgenden Effekten:

- Das Schreiben leitet zu Disziplin und Konzentration an und zwingt zu genauer Formulierung (Konkretisierung).
- Sie lügen sich weniger in die eigene Tasche.
- Der ausgefüllte Plan entlastet das Gedächtnis.
- Es entsteht der psychologische Effekt der Selbstmotivation.
- Der Masterplan gibt Ihnen einen guten Überblick und hilft, die Lebensziele nicht aus dem Blick zu verlieren.
- Sie können den Plan zur Erfolgskontrolle nutzen.
- Der Masterplan dokumentiert Ihre Entwicklung.

Auf den folgenden drei Seiten finden Sie das Gerüst für Ihren Masterplan. Kopieren Sie die Blätter jeweils auf DIN-A4-Format und kleben Sie sie dann mit einem Klebestreifen zusammen.

TIPP

Sie können die Vorlage im richtigen Format zum Ausdrucken kostenlos als pdf-Datei bekommen. Schreiben Sie einfach eine entsprechende E-Mail an info@ziele.de

Masterplan für das Jahr ____

Mein Lebensmotto: ____________________
(Seite 55*)

Meine Lebenslinie (7-Jahres-Perioden): Was will ich in den einzelnen Perioden

0 | 7 | 14 | 21 | 28

Meine persönlichen Lebenshüte (Hauptaufgaben / Lebensbereiche)
(Seite 50*)

1. Lebenshut: ____________________
2. Lebenshut: ____________________
3. Lebenshut: ____________________
4. Lebenshut: ____________________
5. Lebenshut: ____________________
6. Lebenshut: ____________________
7. Lebenshut: ____________________

Was will ich am Ende meines Lebens erreicht haben? (Zielfoto)
(Seiten 51–53*)

1. ____________________
2. ____________________
3. ____________________
4. ____________________
5. ____________________
6. ____________________
7. ____________________

erreichen?

Meine Persönlickeitsstärken aus dem DISG® Profil

(Seiten 37–41*)

1. ______________ 4. ______________
2. ______________ 5. ______________
3. ______________ 6. ______________

35 42 49 56

Meine Ziele für den Ruhestand

Beginn im Jahr: _______

Mein Alter: __ Jahre

1. ______________
2. ______________
3. ______________
4. ______________
5. ______________
6. ______________
7. ______________

Was will ich am Ende der laufenden Periode erreicht haben?

Periode von _____ bis _____

1. ______________
2. ______________
3. ______________
4. ______________
5. ______________
6. ______________
7. ______________

Meine Jahresziele

Jahr: _______

Alter: __ Jahre

1. ______________
2. ______________
3. ______________
4. ______________
5. ______________
6. ______________
7. ______________

* Die Seitenzahlen beziehen sich auf das Buch »www.ziele.de«, GABAL Verlag, 24,90 Euro, auch erhältlich unter www.ziele.de

Meine wichtigsten Wertvorstellungen

(Seite 45*)

1. ______________________
2. ______________________
3. ______________________
4. ______________________
5. ______________________
6. ______________________

63 70 77 84

Meine Ziele für die Quartale

	1. Quartal	2. Quartal	3. Quartal	4. Quartal
1.				
2.				
3.				
4.				
5.				
6.				
7.				

Nehmen Sie sieben Horizonte Ihres Lebens in den Blick

Sieben Zeitabschnitte des Lebens

Beim Erarbeiten des Masterplanes werden Sie sich an sieben unterschiedlich fernen Horizonten orientieren. Das Modell der sieben Horizonte stammt ursprünglich von Dr. Dr. Cay von Fournier. Es macht auf einfache Weise die verschiedenen Zeitabschnitte unseres Lebens deutlich.

Siebter Horizont: Zielfoto

Zwei falsche Einschätzungen

Vergleicht man den ersten und den siebten Horizont im Leben eines Menschen, so ergibt sich interessanterweise die folgende Beobachtung: Viele *überschätzen* sich permanent bei der Frage, wie viel sie an einem Tag leisten können. Und zugleich *unterschätzen* sie, was sich in ihrem Leben auf lange Sicht – also in der Perspektive des Zielfotos – alles verwirklichen lässt.

Wenn Sie sich über Ihre Lebensplanung Gedanken machen, dann empfehle ich Ihnen: Seien Sie in Bezug auf die ersten vier Horizonte nicht *zu* ehrgeizig, und denken Sie nicht zu gering davon, was Sie in Ihrem Leben letztlich alles zuwege bringen können.

So füllen Sie Ihren Masterplan aus

Nehmen Sie nun den Masterplan zur Hand:

- Tragen Sie zuerst die Jahreszahl oben links ein. Befinden Sie sich bereits im letzten Quartal eines Jahres, dann planen Sie das vor Ihnen liegende, neue Jahr.
- Tragen Sie nun Ihr Lebensmotto in die entsprechende Zeile ein. Sie finden es auf Seite 55.
- Füllen Sie die beiden Kästen »Persönlichkeitsstärken« (S. 37–41) und »Wertvorstellungen« (S. 45) aus.
- Übertragen Sie die Namen Ihrer Lebenshüte von Seite 50 in den Masterplan.

Beispiel für die Rubrik »Lebenshüte«

Meine persönlichen Lebenshüte (Hauptaufgaben / Lebensbereiche)
(Seite 50*)

1. Lebenshut:	*Ehemann*
2. Lebenshut:	*Vater*
3. Lebenshut:	*Geschäftsführer der Firma tempus*
4. Lebenshut:	*Mitglied im Gemeinderat*
5. Lebenshut:	*Mitarbeiter in der Kirchengemeinde*
6. Lebenshut:	*Hobbykoch*
7. Lebenshut:	*Mitglied im Sportverein*

Das Zielfoto in Stichworten

- Auf den Seiten 51 bis 53 haben Sie sich mit der Frage beschäftigt, was Sie mit Blick auf Ihre Lebenshüte alles erleben oder schaffen möchten (Zielfoto). Notieren Sie jeweils zu jeder Lebensrolle die Kernpunkte in Stichworten.

Beispiel für die Rubrik »Zielfoto«

Was will ich am Ende meines Lebens erreicht haben? (Zielfoto)
(Seiten 51–53*)

1. *Meine Frau ist mein bester Freund*
2. *Firma an Benno übergeben haben*
3. *tempus mit seiner Philosophie zur Nummer 1 auf dem deutschen Zeitplanbuchmarkt gemacht haben*
4. *Lösung der wichtigsten Probleme zwischen Jung und Alt in der Gemeinde*
5. *Mitgeholfen, eine attraktive Kirchengemeinde zu schaffen, zu der die Menschen von weit her kommen*
6. *Ein erfolgreiches Kochbuch mit Rezepten aus allen Erdteilen zusammengestellt und veröffentlicht haben*
7. *Sagen können: »Ich habe stets das Beste für meine Gesundheit getan.«*

Das Zielfoto schafft Orientierung

Wenn Sie nun die anderen Horizonte in den Blick nehmen, können Sie sich an Ihrem Zielfoto orientieren.

Sechster Horizont: Ruhestand

Langer Ruhestand durch hohe Lebenserwartung

Der Ruhestand ist der sechste Horizont. Je nach Eintritt umfasst dieser Lebensabschnitt heute etwa 20 bis 30 Jahre. Das haben wir vor allem der hohen Lebenserwartung zu verdanken. Eine heute 60 Jahre alte Frau hat noch eine durchschnittliche Lebenserwartung von 24,7 Jahren, wird also 84,7 Jahre alt. Ein heute 60-jähriger Mann hat immerhin noch 19,9 weitere Jahre vor sich.

Die Lebenserwartung steigt sogar weiter, wie Statistiker zeigen: Den Berechnungen von Wirtschafts- und Sozialstatistikern der Universität Köln zufolge werden von den im Jahr 2002 geborenen Mädchen voraussichtlich 50 Prozent ein Alter von 88,8 Jahren, 25 Prozent sogar mindestens das Alter von 93,8 Jahren erreichen!

Viele Menschen werden bald 100 Jahre alt

Das ist aber noch nicht das Ende der Entwicklung, denn seit 160 Jahren hat sich die durchschnittliche Lebensdauer regelmäßig um drei Monate pro Jahr gesteigert. Setzt sich dieser lineare Zuwachs fort, wird die Lebenserwartung in 60 Jahren 100 Jahre betragen, so die Max-Planck-Gesellschaft in München unter Berufung auf aktuelle Forschungsergebnisse. Der Untersuchung zufolge ist die bislang angenommene Prognose, dass es eine Obergrenze für das menschliche Leben gibt, nicht weiter haltbar.

Den Übergang meistern

Ich lade Sie deshalb dazu ein, sich schon frühzeitig mit der Frage zu beschäftigen, wie Sie die 20 oder 30 Jahre Ihres Ruhestandes verbringen möchten. Im beruflichen Alltag ist ein strenges Korsett von Arbeitszeit und Freizeit vorgegeben. Wenn dies wegfällt und keine detaillierte Planung vorliegt, ist der Übergang kaum zu meistern. Der Wechsel in die »Rente« vollzieht sich dann sehr abrupt. Viele Menschen fallen dabei häufig in ein tiefes emotionales Loch. Sie stehen in der Gefahr, schnell zu altern und zu sterben.

Im Ruhestand nicht ruhen

Interessanterweise führt das Wort »Ruhestand« ein wenig in die Irre, denn: »Alte Menschen dürfen in ihrem Ruhestand alles mögliche tun – nur nicht ruhen. Passivität ist der große Gegner des erfolgreichen Älterwerdens«, so der Arzt Wolfgang Hasselkus. »Das für Rentner oft so typische kleine Lebensdreieck zwischen Gartenarbeit, Fernsehen und Ruhe ist zu wenig«.

Drei Voraussetzungen

Wer sein Leben auch im Alter erfolgreich meistern will, braucht drei Voraussetzungen:

1. langfristige Ziele
2. körperliche und geistige Fitness
3. sowie inneren Frieden

Auf diesen drei Gebieten sollten Sie möglichst schon vor dem Eintritt in den Ruhestand aktiv sein. Wer die Arbeit an diesen drei Aspekten immer wieder auf später verschiebt, merkt eventuell zu spät, dass er etwas Entscheidendes versäumt hat.

Je besser Sie sich auf die Phase des Ruhestandes vorbereiten, umso aktiver können Sie sie erleben. Deshalb hier einige Anregungen zur weiteren Planung. Im Prinzip haben Sie drei Möglichkeiten:

Möglichkeit 1: Ruhestand möglichst bald

1. Den Ruhestand zum nächstmöglichen Zeitpunkt antreten

Wer sich für diese Möglichkeit entscheidet, der handelt nach dem Motto: »Endlich kann ich die Brocken hinschmeißen. Wie schön ist es doch, nie wieder arbeiten zu müssen!«

Wenn Sie den Ruhestand möglichst bald antreten wollen, dann

- möchten Sie vermutlich aufhören, solange Sie noch gesund und fit sind und Sie Ihren Ruhestand genießen können.
- reizt es Sie vielleicht, Dinge zu tun und zu lernen, zu denen Ihnen Ihr Beruf nie die Zeit ließ.
- ist Ihr Mann bzw. Ihre Frau gegebenenfalls bereits im Ruhestand. Die Umstellung ist einfach, wenn man sie gemeinsam angeht.
- sind Sie ja unter Umständen auch nur den Alltagstrott und die Intrigen am Arbeitsplatz leid.
- wollen Sie eventuell mehr Zeit für die Enkelkinder haben.
- müssen Sie sich vielleicht um Ihre gebrechlichen Eltern kümmern.

Möglichkeit 2: Neubeginn wagen

2. Eine neue Teilzeitkarriere beginnen

Das Motto der zweiten Möglichkeit könnte lauten: »Ohne feste Arbeitszeiten würde ich sonst kaum noch aus dem Haus gehen.«

Wer die zweite Möglichkeit in Erwägung zieht,

- dem ist ein Vollzeitjob eventuell zu anstrengend. Aber ein Teilzeitjob wäre genau das Richtige.

- müsste sich als Rentner vielleicht finanziell zu sehr einschränken. Deshalb suchen manche einen passenden Gelderwerb nebenher. Viele haben zum Beispiel durch den Einbruch der Börse oder durch andere Ereignisse in ihrem Leben viel Geld verloren.

3. Alles beibehalten

Möglichkeit 3: Nichts ändern

Wer sich dafür entscheidet, alles beizubehalten, der mag das Motto haben: »Mit 63 beginnt meine leistungsfähigste Phase. Da werde ich doch nicht aufhören.«

Wer als Trainer, Berater oder Unternehmer arbeitet, ist zwar in diesem Alter häufig optimal positioniert. Wer aber noch gar nicht an den Ausstieg aus dem Berufsleben gedacht hat, sollte sich jetzt einmal folgende Fragen stellen:

- Haben Sie denn überhaupt ein bestimmtes Alter im Sinn, in dem Sie aus dem Beruf ausscheiden wollen? Wenn ja, welches?
- Können Sie sich Ihren Ruhestand konkret vorstellen?
- Welche Gefühle verbinden Sie mit dem Ruhestand?
- Falls Sie die Zeit über 60 als die beruflich erfolgreichste Phase erleben: Was spricht im Einzelnen dafür und was dagegen, diesen Abschnitt zu verkürzen oder sogar völlig abzubrechen?

Egal, für welche Möglichkeit Sie sich entscheiden: Erledigen Sie den größten Teil der Erkundigungen, bevor Sie in Rente gehen. Geben Sie sich genügend Zeit, um Ihre Planungen detailliert abschließen zu können.

TIPP

Im Internet finden Sie zahlreiche Informationen, die Sie bei der Vorbereitung Ihres Ruhestandes nutzen können. Einige Beispiele:

- Das Bundesministerium für Familie, Senioren, Frauen und Jugend bietet unter *www.bmfsfj.de* verschiedene Broschüren an – vom Thema »Nachberufliche Tätigkeitsfelder« bis zu »Wohnen im Alter«.
- Bei der Internetseite *www.leihomas-leihopas.de* wenden sich Überlastete an Menschen, die möglicherweise etwas Zeit haben …
- Im Internet-Forum *www.rentner.de* können Sie auf einfache Weise Meinungen zu den unterschiedlichsten Themen austauschen.

Gehen Sie planvoll in den Alltag als Rentner

Haben Sie Ihre Nachfolge im Beruf usw. vorbereitet? Was müssen Sie noch tun?

Wie können Sie Ihre Kenntnisse an die nächsten Generationen weitergeben – zum Beispiel als Mentor oder Seniorberater? Wo werden Sie gebraucht?

Was tun Sie für Ihre eigene Weiterbildung (geistige Fitness)?

Welches Hobby wollen Sie sich zulegen? Wollen Sie beispielsweise noch eine Sprache lernen? Singen Sie bzw. erlernen Sie ein Instrument?

Wie soll Ihre Wohnsituation im Alter aussehen? Falls Sie ein Haus besitzen: Wollen Sie sich verkleinern und beispielsweise eine Eigentumswohnung kaufen, bei der Sie weniger mit Reparaturen und Grundstückspflege zu tun haben? Wollen Sie das Haus in separat nutzbare Wohneinheiten aufteilen und vermieten?

Wie gehen Sie mit der Erhaltung Ihrer körperlichen Fitness weiter vor?

Welche Aktivitäten bestimmen Ihren Wochenablauf? Um wie viel Uhr wollen Sie aufstehen? Planen Sie Ihren Alltag!

Welche Freude wollten Sie Ihrem Partner bzw. Ihrer Partnerin schon immer bereiten? Welche Vorbereitungen sind nötig? Wie sieht Ihr Zeitplan für die Umsetzung aus?

Was die finanziellen Aspekte angeht: Haben Sie schon ausgerechnet, wie viel Sie ansparen müssen, um im Alter sorgenfrei leben zu können? Was wollen Sie noch vorbereiten, damit Sie im Alter die gewünschten Umstände auch tatsächlich vorfinden? Je eher Sie diese Fragen klären, umso leichter werden Sie es haben.

Gibt es Fragen oder Umstände, die Sie noch mit sich selbst, Ihrem Partner bzw. Ihrer Partnerin, Ihren Familienangehörigen oder mit Gott klären sollten?

Lassen Sie den Gedanken ans Sterben zu? Was heißt es für Sie, sich auf das Sterben vorzubereiten?

Planen Sie Ihre Beerdigung und ordnen Sie Ihren Nachlass. Bereiten Sie auch die potenziellen Erben vor.

Nehmen Sie noch einmal den Masterplan zur Hand. Tragen Sie Ihre Ziele für den Ruhestand ein. Berücksichtigen Sie dabei – wie bei allen anderen Horizonten auch – Ihre Stärken und Ihre Wertvorstellungen.

Beispiel für die Rubrik »Ruhestand«

Meine Ziele für den Ruhestand

Beginn im Jahr: *2035*

Mein Alter: *65* Jahre

1. *Eine dreimonatige Weltreise machen*
2. *Die Enkelkinder in den Ferien zu uns nehmen*
3. *Keine operative Arbeit mehr. Als Berater zur Verfügung stehen.*
4. *Als Berater im Hintergrund einen jungen Kommunalpolitiker unterstützen*
5. *Projekte der Jugendgruppe finanziell unterstützen*
6. *Einmal im Monat Freunde zum selbst zubereiteten Abendessen einladen*
7. *Je einmal pro Woche Sauna und Schwimmen. Am Sonntagnachmittag Wanderung oder Fahrradausflug*

Fünfter Horizont: Sieben Jahre

Wir leben heute in einer Zeit, in der Geschwindigkeit eine große Rolle spielt. Passiert eine Katastrophe, reagieren die Börsen nach Bekanntwerden in Sekundenschnelle. Viele Unternehmen, die unter Beobachtung von Investoren und Wirtschaftsmedien stehen, orientieren ihre Aktivitäten mit Blick auf die Quartalsbilanz. Daher erscheint ein Zeitraum von mehreren Jahren schon als langfristig.

Hohe Geschwindigkeit im Geschäftsleben

Im Geschäftsleben mag diese Sichtweise ihre Berechtigung haben, aber im Privatleben sind die Zusammenhänge etwas anders. Ihre Kinder haben Sie nicht nur zwei Jahre, sondern ein Leben lang. Auch Ihr Eheversprechen haben Sie nicht nur für ein paar Jahre abgegeben. Und die Laufzeit eines Kreditvertrages für ein Haus ist meistens zweistellig. Zumindest im persönlichen Leben ist es daher sinnvoll, längere Zeitabschnitte zu planen.

Privat langfristig planen

Für diese Art der Planung eignet sich der Ansatz der 7-Jahresperioden. Dabei geht es darum, dass es im Leben der meisten Menschen Abschnitte gibt, die ungefähr sieben Jahre dauern und von einer bestimmten Aufgabe bzw. einer bestimmten Situation geprägt sind. Der Übergang von einer Lebensphase in die nächste ist meist auch mit äußeren Veränderungen verbunden.

7-Jahresperioden

Die ersten drei 7-Jahresperioden sind von der Entwicklung bestimmt: Im siebten Lebensjahr werden die Kinder eingeschult, mit 14 markiert die Pubertät den Übergang zwischen Kindheit

Die ersten drei Perioden

und Jugend, mit 21 wurde man früher volljährig (heute schon mit 18). Auch das 28., 35., 42. und 49. ist häufig von besonderen Veränderungen geprägt – Familiengründung, Hausbau, beruflicher Aufstieg, aber auch Krisen und Schwierigkeiten können diese Veränderungen ausmachen. Der Abschnitt vom 56. bis zum 63. Lebensjahr ist mit Blick auf den Übergang zum Ruhestand von besonderem Gewicht.

Die 7-Jahresperiode als Planungshorizont nutzen

Bitte nehmen Sie die sieben Jahre nicht allzu genau – mancher wird mit sechs Jahren eingeschult oder scheidet mit 64 aus dem Berufsleben aus. Es geht mir darum, dass Sie die 7-Jahresperiode als Planungshorizont begreifen und für Ihre mittelfristige Planung und Zielfindung nutzen. Gegenüber Ihren Lebenszielen (Zielfoto) fallen die Ziele für die aktuelle bzw. kommende 7-Jahresperiode schon spürbar konkreter und näher aus.

Betrachten Sie Ihre persönliche Time Line

Stellen Sie sich einen Zollstock aus Ihrem Werkzeugkasten oder aus dem Baumarkt vor, der jedoch keine zwei Meter, sondern nur 82 Zentimeter misst. Besser: Nehmen Sie einen echten Zollstock und brechen Sie hinter dem vierten Glied (nach 82 Zentimetern) die restlichen Teile einfach ab! Legen Sie nun Ihren Daumen auf die Zahl, die Ihrem jetzigen Lebensalter entspricht.

Betrachten Sie die Zahlen links von Ihrem Daumen. Sie entsprechen der Zeit, die hinter Ihnen liegt. Sie können die Zeit nicht zurückdrehen und Geschehenes nicht ungeschehen machen.

Wichtiger ist die Lebenslinie rechts von der Zahl, bei der Sie gerade sind:

- Wie groß ist die Entfernung bis zu Ihrem statistischen »Verfallsdatum«?
- Wie viel »Zeitkapital« haben Sie noch zur Verfügung?
- Was können und wollen Sie in Ihrer restlichen Lebenszeit erreichen?

Die deutsche Weinwirtschaft propagierte einmal in einer Anzeigenkampagne den Slogan: »Das Leben ist viel zu kurz, um schlechten Wein zu trinken.« Machen Sie sich bewusst: Heute ist der erste Tag vom Rest Ihres Lebens, den Sie mit einem neuen Zielbewusstsein beginnen können!

Vielleicht haben Sie sich erschrocken, als Sie bei der Übung gesehen haben, wie viel oder wie wenig Zeit Ihnen statistisch noch bleibt. Es mag sein, dass Sie sich vor dem Altwerden fürchten. Dabei ist es keinesfalls so, dass sich das Leben wie ein Bogen entwickelt, der – sobald der höchste Punkt überschritten ist – nur noch eine Richtung kennt: abwärts. Ganz im Gegenteil! Jedes Lebensalter hat seine eigene Schönheit, seine eigene Herausforderung.

Jedes Alter hat seine Schönheit

Bevor ich genauer auf die einzelnen Lebensphasen eingehe, möchte ich Ihnen eine Sichtweise vorstellen, bei der das Leben aus zwei Hälften besteht. Die erste Lebenshälfte ist vom Streben nach Erfolg geprägt, die zweite dagegen vom Streben nach Sinnerfüllung.

Zwei Lebenshälften

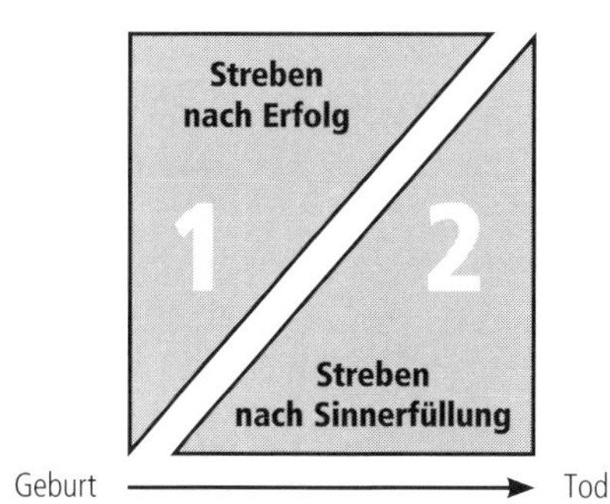

Merkmale der beiden Lebenshälften

Vergleichen Sie einmal, wie stark sich die Merkmale der beiden Hälften voneinander unterscheiden:

1. Lebenshälfte	**2. Lebenshälfte**
Kompetenz	Bedeutung, Bedeutsamkeit
Konsum	Einen Beitrag leisten
Karriere	Sinnfindung
Erfolg	Erfüllung
Arbeit	Leben
Viele Aktivitäten	Das wirklich Wichtige tun
Ziele	Sinn hinter den Zielen
Aktion	Innerer Friede
Effizienz (die Dinge richtig tun)	Effektivität (die richtigen Dinge tun)

Halbzeit des Lebens

In der Halbzeit des Lebens wird der Übergang von der ersten zur zweiten Lebenshälfte oft in der so genannten Midlife-Krise spürbar.

Während die Bemühungen der ersten Lebenshälfte zunächst häufig auf Leistung und äußere Dinge gerichtet sind, gewinnen in der zweiten Lebenshälfte mehr und mehr innere, nichtmaterielle Aspekte an Bedeutung.

Die Betrachtung der beiden Lebenshälften bleibt freilich sehr grob. Die Phasen des Lebens lassen sich noch genauer charakterisieren. Dazu nehmen Sie nun wieder die einzelnen 7-Jahresperioden in den Blick, um die es in diesem Abschnitt geht.

Skizzenhafte Orientierung

In der folgenden Übersicht finden Sie jeweils eine Reihe von Stichworten, die auf das Leben der meisten Menschen zutreffen. Finden Sie sich in dieser Tabelle ein Stück weit wieder? Je nach Ihrer individuellen Lebenssituation kommen natürlich weitere Aspekte hinzu bzw. haben einige Merkmale weniger Bedeutung. Es geht hier um eine skizzenhafte Orientierung.

Merkmale der 7-Jahresperioden

0 – 7 Jahre	– Spielen – Vertrauen lernen – Elternhaus, Kindergarten – Man bekommt Liebe geschenkt, ohne sie sich verdienen zu müssen
7 – 14 Jahre	– Konflikte, Pubertät – Sich an Vorbildern orientieren – Loslösen der Eltern und Grenzen überschreiten
14 – 21 Jahre	– Erste Prüfungen (Schulabschlüsse, Aufnahmeprüfungen, ...) – Erster Kontakt zum Berufsleben, erstes selbst verdientes Geld – Spaß – Ernst genommen werden wollen
21 – 28 Jahre	– Bestandsaufnahme: Was kann ich? Wo will ich hin? Worin unterscheide ich mich von meinen Eltern? – Karriere – Arbeiten an der eigenen Effizienz: höher, schneller, weiter – Möglichst alles sehen und können; alles ist von Interesse
28 – 35 Jahre	– Wunsch nach Familie und Kindern – Freiheit und Eigenständigkeit wird gelebt – Das Leben wird reflektiert und zunehmend geplant – Immer häufiger wird Führungsverantwortung übernommen – Sonderaufgaben – Hohe Produktivität
35 – 42 Jahre	– Zu beruflicher Sicherheit gelangen – Vorwärtskommen und Karriere bestimmen den Alltag – Man steht auf eigenen Beinen – Verstand und Intellekt sind Basis des Vorankommens – Übergang zur Midlife-Krise: Unzufriedenheit über das, was man beruflich erreicht hat; ggf. Probleme in der Partnerschaft; Fragen nach dem Sinn der eigenen Existenz
42 – 49 Jahre	– Neue Denkansätze resultierend aus der Midlife-Krise: persönlich, in der Partnerschaft sowie im Beruf zu mehr Reife gelangen – Gedanken über den Tod und über das, was bisher erreicht wurde – Das Verpasste im Leben wird versucht, nachzuholen – Es wird versucht, alles anders zu machen – Neue Orientierung

49 – 56 Jahre	– Die innere Ruhe wird ausgebaut; Gelassenheit – Phase des „höher, schneller, weiter" ist vorbei – Über sich selbst lachen können – Übernahme der Verantwortung für die nächste Generation – Das eigene Wissen und Können wird weitergegeben – Die eigenen Stärken und Schwächen so gut kennen, dass man andere verstehen kann
56 – 63 Jahre	– Sinnkrise, Frage nach dem Sinn des Lebens wird stärker – Bilanz ziehen, kritische Betrachtung des Lebens – Die körperlichen Grenzen werden bewusst – Niemanden mehr beeindrucken müssen – Der Berufsausstieg heißt auch: aufhören, Dinge zu tun, die einen ausgemacht haben
63 – 70 Jahre	– Der übernächsten Generation etwas Gutes tun wollen – Sich auf den Tod vorbereiten (Was muss noch getan werden) – Sich ggf. mit dem Tod von Geschwistern auseinander setzen – Selbsterkenntnis wird zur Menschenkenntnis – Sich als Ratgeber bzw. Helfer zur Verfügung stellen – Den verbliebenen Möglichkeiten entsprechende Aktivitäten finden und ihnen nachgehen

Aktuelle Periode Wenn Sie Ihren Masterplan zur Hand nehmen, finden Sie dort eine Linie, die sich von ganz links bis ganz rechts in Siebenerschritten durchzieht. Markieren Sie Ihr derzeitiges Alter und versuchen Sie, der entsprechenden Periode einen Namen zu geben.

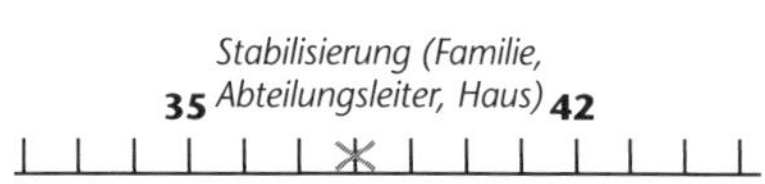

Frühere Perioden Gehen Sie nun ganz an den Anfang zurück und versuchen Sie, jeder Lebensperiode einen Namen zu geben.

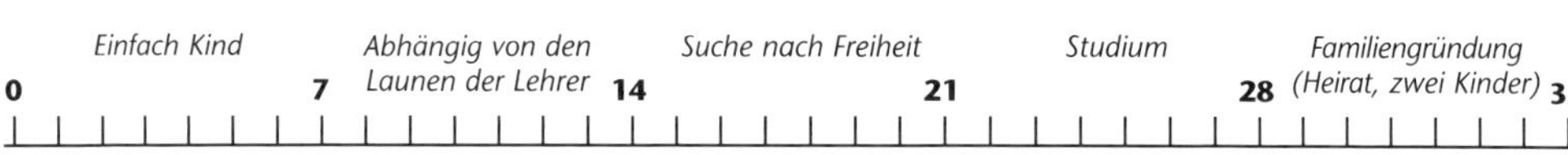

Künftige Perioden Schauen Sie sich jetzt die kommenden Perioden an. Was könnte der Schwerpunkt der *nächsten* zukünftigen Periode sein? Wie könnten Sie diese Periode benennen? Und die darauf folgende? Und die sich daran anschließende? Planen Sie Ihr Leben auf diese Weise grob durch, bis Sie das 77. oder 84. Lebensjahr erreicht haben.

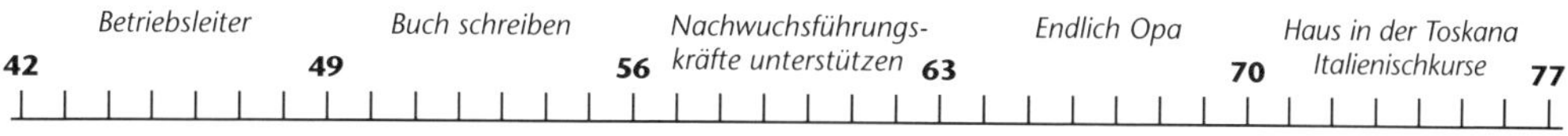

Nehmen Sie nun erneut die Periode in den Blick, in der Sie sich gerade befinden. Was wollen Sie am Ende dieser Periode erreicht haben? Notieren Sie für jeden Lebenshut im Masterplan Ihre Ziele. Achten Sie darauf, dass

- diese Ziele Ihren Wertvorstellungen entsprechen
- und Sie beim Erreichen der Ziele Ihre Stärken ausspielen können.

Beispiel für die Rubrik »Laufende Periode«

Was will ich am Ende der laufenden Periode erreicht haben?

Periode von *35* bis *42*

1. *Karin bei der Wiederaufnahme ihrer beruflichen Tätigkeit unterstützen*
2. *Benno eine optimale Ausbildung ermöglichen*
3. *Produktionskosten um zehn Prozent reduzieren; schlanke Organisationsstrukturen einführen*
4. *Strukturen zur Unterstützung sozial benachteiligter Jugendlicher aufbauen*
5. *Erarbeitung und Umsetzung eines tragfähigen Gemeindekonzeptes*
6. *Italienische Küche vor Ort erlernen*
7. *30 Minuten laufen können, ohne die Puste zu verlieren*

Vierter Horizont: Jahr

Vorteile der Jahreszielplanung

Ein Jahr ist sehr gut überschaubar. Daher ist dieser Zeitabschnitt ein besonders wichtiger Planungshorizont. Eine fundierte Jahreszielplanung verschafft Ihnen gleich zwei Vorteile:

1. Sie sorgt dafür, dass Sie bei allem, was Sie Woche für Woche und Tag für Tag tun, den roten Faden nicht aus den Augen verlieren.
2. Die Jahreszielplanung ist zugleich ein sehr wirkungsvolles Instrument, um Ihre Entwicklungsfortschritte mit Blick auf Ihr Zielfoto zu überprüfen.

Von den Periodenzielen ausgehen

Um die Jahresziele festzulegen, schauen Sie sich genau an, welche Ziele Sie für die aktuelle Periode festgelegt haben. Fragen Sie sich nun: Was können Sie innerhalb des zu planenden Jahres tun, um diesen Zielen näher zu kommen? Was ist der notwendige Schritt, den Sie jetzt gehen müssen? Berücksichtigen Sie dabei auch die mittelfristige Zukunft. Wenn Sie beispielsweise in zwei Jahren ein Haus bauen wollen, müssen Sie schon jetzt Ihre Finanzen darauf ausrichten.

Ein bis zwei Ziele pro Lebenshut

Achten Sie darauf, dass Sie sich nicht so viele große Ziele setzen, dass Sie gar keine Chance haben, diese Ziele auch alle innerhalb eines Jahres zu verwirklichen. Es ist am besten, wenn Sie sich beim Festlegen der Ziele wieder an Ihren Lebenshüten orientieren und sich insgesamt auf ein bis zwei Ziele pro Lebenshut beschränken. Wenn Sie sich zu viel vornehmen, wissen Sie im Zweifelsfall nicht, worauf Sie Ihre Aufmerksamkeit und Ihre Energie konzentrieren sollen. Verteilen Sie große Ziele lieber auf mehrere Jahre, als alles auf einmal bewältigen zu wollen und sich damit zu verzetteln.

Im November beginnen

Idealerweise beginnen Sie Ihre Jahreszielplanung im November. Sie haben dann bis zum Ende des Jahres noch genug Zeit, die einzelnen Ziele zu hinterfragen, neu zu formulieren, zu streichen oder zu ergänzen. Es ist wichtig, dass Sie zu Beginn des neuen Jahres eine Liste haben, mit der Sie ganz zufrieden sind.

TIPP

Vielleicht hilft es Ihnen, ein bestimmtes Wochenende zu reservieren, das Sie ab nun regelmäßig für die Jahreszielplanung nutzen – beispielsweise das Wochenende vor dem ersten Advent.

Nehmen Sie nun wieder den Masterplan zur Hand. Tragen Sie unter der Rubrik »Meine Jahresziele« zunächst die Jahreszahl ein. Notieren Sie auch Ihr Alter, das Sie in dem Jahr erreichen werden.

Jahr und Alter eintragen

Definieren Sie nun für jeden Lebenshut ein bis zwei Jahresziele und tragen Sie die Ziele ein. Dies kann stichwortartig erfolgen – allerdings sollten Sie auch hier die Ziele messbar und machbar formulieren. Nehmen Sie vor dem Ausfüllen nochmals Ihre Werte und Ihre Stärken in den Blick.

Beispiel für die Rubrik »Jahresziele«

Meine Jahresziele

Jahr: *200X*

Alter: *39* Jahre

1. *Karin unterstützen, eine passende Halbtagsstelle zu finden; Tanzkurs besuchen*
2. *Benno den Besuch einer englischen Sprachschule ermöglichen*
3. *Alle Mitarbeiter zum Thema Kaizen schulen; Umsatz um zehn Prozent steigern*
4. *Förderverein für das Jugendzentrum gründen*
5. *Monatlich einen Jugendgottesdienst veranstalten*
6. *25 neue Rezepte ausprobieren*
7. *Drei Mal pro Woche für je 30 Minuten Sport treiben*

Ausgehend von den Jahreszielen legen Sie nun pro Lebenshut Zwischenziele für jedes Quartal fest. Warum ist dieses Herunterbrechen auf Teilziele sinnvoll? Ganz einfach: Wenn Sie große Aufgaben in mehrere Etappen aufteilen, gewinnen Sie »Markierungsbojen« für die »raue See« des Lebens.

Zwischenziele festlegen

Beispiel für die Rubrik »Quartalsziele«

Meine Ziele für die Quartale			
1. Quartal	2. Quartal	3. Quartal	4. Quartal
1. *Tanzkurs recherchieren, auswählen, anmelden*	*Tanzkurs besuchen; passende Stelle definieren*	*Freunde informieren, Stellenanzeigen lesen;*	*Haushaltshilfe mit auswählen*
2. *Sprachschulen recherchieren, auswählen, anmelden*	*Schulgebühr ansparen*	*Benno zum/vom Flughafen begleiten*	*Mit Benno drei Filme seiner Wahl auf Englisch anschauen*
3. *Konzept Kaizen-Schulung erarbeiten; Webshop konzipieren*	*Schulungsmaterialie fertigstellen; Webshop programmieren*	*Mitarbeiter der Produktion schulen Webshop promoten*	*Verwaltungsmitarbeiter zu Büro-Kaizen schulen Webshop ausbauen*
4. *Mit Rechtsanwalt Bedingungen klären*	*Satzung verfassen*	*Sieben Gründungsmitglieder gewinnen*	*Eintragung im Vereinsregister*
5. *Team aufbauen, Termine klären, Referenten einladen*	*Mit Team und Referenten vier Gottesdienste gestalten*	*Mit Team und Referenten drei Gottesdienste gestalten*	*Mit Team und Referenten drei Gottesdienste gestalten*
6. *Sechs Rezepte sammeln und ausprobieren, Urlaub in Italien buchen*	*Sieben Rezepte sammeln und ausprobieren*	*Urlaub in Italien, Kontakt zu zwei Köchen herstellen Sieben Rezepte sammeln*	*Fünf Rezepte sammeln und ausprobieren; »Best-of« zusammenstellen*
7. *Sonntagnachmittags Ski-Langlauf; 1x pro Woche Ski-Gymnastik sowie Hometrainer*	*3x pro Woche Walken*	*3x pro Woche Schwimmen*	*3x pro Woche Walken*

Rückblick und Ausblick

Die Zwischenziele zeigen Ihnen, wie weit Sie in Bezug auf das Jahresziel gekommen sind und welche überschaubare Teilstrecke Sie als Nächstes angehen können.

Nehmen wir an, Sie wollen einen Wintergarten bauen und wissen bereits, was er kosten wird. Dann können Sie exakt festlegen, wie viel Geld Sie in den einzelnen Quartalen sparen müssen, um ihn zu finanzieren. Ist das Quartal um, können Sie anhand der Teilziele genau sehen, ob Sie Ihrem Jahresziel wie gewünscht näher gekommen sind.

Beispiel Wintergarten

Wenn Sie die Jahreszielplanung machen und die Teilziele auf die einzelnen Quartale verteilen, sollten Sie sich auch die Zeit nehmen, um regelmäßig wiederkehrende Termine in Ihren Kalender einzutragen und bestimmte Dinge zu überprüfen. Dabei kann Ihnen die »Checkliste jährlich« helfen, die zum tempus-Zeitplansystem gehört (www.tempus.de):

»Checkliste jährlich«

Allgemein

Allgemeine Aspekte

- Masterplan überarbeiten
- Urlaub und freie Wochenenden planen
- Ärztliche Vorsorgeuntersuchungen und Zahnarztkontrolltermin einplanen
- Kündigungstermine eintragen (Fristen beachten!)
  - Versicherungen
  - Zeitschriften
- Gültigkeit von Dokumenten (Pass, Personalausweis, Visum etc.) überprüfen
- Weiterbildung (z. B. tempus-Seminar) planen
- Wichtige Geburtstage, Jubiläen, Hochzeitstag eintragen
- TÜV- und ASU-Termine eintragen
- Eintragen, wann Kalendarium für das Folgejahr bestellt wird
- Termine für Konferenzen und Messen, die Sie besuchen wollen, eintragen

Für Unternehmer

Von Unternehmern zu bedenken

- Unternehmensplanung aktualisieren
- Mitarbeiter beurteilen und Gehälter überprüfen
- Auszubildende einstellen
- Inventur organisieren
- Urlaubsplanung der Mitarbeiter
- Weihnachtsgeschenke festlegen
- Betriebsausflug und -feiern planen
- Arbeitsplatzbeschreibungen aktualisieren

– Dankesbriefe an Mitarbeiter: Dank für besondere Leistungen, Dank an Mitarbeiter, die nie krank waren
– Investitionen durchrechnen und entscheiden
– Termin für Bereichsleitertreffen festlegen
– Unternehmensziele aktualisieren
– »Firmendrehbuch« weiterbearbeiten

Von Arbeitnehmern zu bedenken

Für Arbeitnehmer

– Gehalt überprüfen
– Karriere überprüfen
– Lohnsteuerjahresausgleich bearbeiten

Dritter Horizont: Quartal

Ein »Dreamday« pro Vierteljahr

Der dritte Horizont, den Sie in den Blick nehmen sollten, ist das Quartal. Ich empfehle Ihnen, sich einmal im Vierteljahr die Zeit zu nehmen, um in Ruhe über Ihr Leben nachzudenken. Diese Zeit hat seinen Raum im »Dreamday«.

Sie meinen, Sie könnten sich diesen einen Tag pro Quartal nicht leisten? Sie wären viel zu eingebunden, um sich einen ganzen Tag lang völlig abschotten zu können? Falls Ihnen Gedanken wie diese durch den Kopf gehen, dann fragen Sie sich einmal, ob Sie bereit sind, *ein* Prozent Ihrer Zeit in das Nachdenken und Planen zu investieren. Denn genau darum geht es: Ein Jahr hat 365 Tage, und ein Prozent davon sind knapp vier Tage, also je ein Tag pro Quartal.

Bei einem Dreamday kommt es darauf an, dass Sie Ihre Zielsetzungen überdenken: Was haben Sie erreicht? Wo sind Sie wie gewünscht vorwärts gekommen? An welchen Stellen gab es Schwierigkeiten? Wo mussten Sie Ihre Pläne ändern oder zurückstellen? Wie wollen Sie mit den Abweichungen umgehen? Welche neuen Ziele wollen Sie sich setzen? Einmal im Quartal sollten Sie das, was Sie sich vornehmen und tun, reflektieren.

Materie folgt Geist

Der Dreamday gehört allein Ihnen und zählt zu den wichtigsten Investitionen Ihres Lebens. Es gilt dabei der Grundsatz »Materie folgt Geist«. Wenn am Anfang kein Geist steht, sondern nur operative Hektik, kann am Ende nichts Vernünftiges heraus kommen.

Der Dreamday ist so bedeutsam, dass er einen eigenen Schritt bildet. In Kapitel 4 »Gönnen Sie sich Dreamdays« wird er ausführlich beschrieben.

Zweiter Horizont: Woche

Die Wochenplanung nicht vernachlässigen

Wenn Sie die Woche als Planungshorizont vernachlässigen, dann nützt Ihnen die ganze Arbeit, die Sie in die Horizonte 3 bis 7 gesteckt haben, nur sehr wenig. Denn im schlimmsten Fall werden Sie Tag für Tag mit so vielen dringenden Aufgaben und Fragen konfrontiert, dass Sie nur noch reagieren und Ihre eigenen Ziele völlig aus dem Blick verlieren. Am Ende der Woche fragen Sie sich dann matt und enttäuscht, was Sie eigentlich geschafft haben.

Die Tagesprioritäten festlegen

Was ist passiert? Die dringenden Aufgaben haben so viel Zeit und Kraft verbraucht, dass das Wichtige im Leben an den Rand gedrängt und vernachlässigt wurde. Erinnern Sie sich an das Beispiel aus Schritt 2 mit dem Glas, in das Sand, Kiesel und ein großer Stein untergebracht werden sollen? Sie müssen jeden Tag zuerst sicherstellen, dass Sie die großen Steine für die echten Prioritäten Ihres Lebens unterbringen. Dazwischen bleibt noch genug Platz für Kies, Sand und Wasser! Die Wochenplanung sorgt dafür, dass Sie jeden Tag wissen, was die Tagespriorität ist.

Ziel- und Zeitmanagement Während die Horizonte 3 bis 7 dem *Zielmanagement* zuzuordnen sind, gehören die Horizonte 1 und 2 zum Thema *Zeitmanagement.* Weil es dazu bereits viele gute Bücher gibt, beschränke ich mich hier auf die wesentlichen Punkte.

Fragen für die Wochenplanung Sie können Balance gewinnen und Ihren Zielen näher kommen, wenn Sie sich Woche für Woche fragen: Was kann ich in den kommenden sieben Tagen tun, um meine Quartalsziele zu erreichen und damit die Jahreszielplanung zu verwirklichen? Fragen Sie sich aber auch mit einem kritischen Blick auf die vergangene Woche: Was lief besonders gut? Was lief eher schlecht?

TIPP Setzen Sie sich bei der Wochenplanung für jeden Lebenshut ein messbares und machbares Ziel. Verteilen Sie diese Ziele am besten gleich auf die einzelnen Wochentage in Ihrem Zeitplanbuch. Sie wissen dann an jedem Tag jeweils genau, was Ihre oberste Tagespriorität ist.

Beispiel Konzertbesuch Wenn Sie sich beispielsweise dazu entschieden haben, am Freitagabend mit Ihrem Partner ein Konzert zu besuchen, dann werden Sie Ihre Arbeit innerhalb der Woche so organisieren, dass Sie an diesem Tag keine Überstunden machen müssen, die den Konzertbesuch gefährden könnten.

Es kommt bei der Wochenplanung darauf an, alle Schlüsselbereiche Ihres Lebens zu berücksichtigen und Prioritäten festzulegen. Ein einziger Wochentag ist viel zu kurz, um sich um alle Lebenshüte kümmern zu können. Da eine Woche sieben Tage hat, können Sie für jeden Lebenshut ein Ziel unterbringen. Mag dieses Ziel auch noch so klein sein: 52 kleine Schritte bringen Sie mehr voran, als große Ideen, die nie verwirklicht werden, weil das Tagesgeschäft permanent alles andere verdrängt. Diese kleinen Ziele sind deshalb *wichtig*.

Alle Schlüsselbereiche berücksichtigen

Die kleinen Schritte sind wichtig

Mit der Wochenplanung gelingt Ihnen der Spagat zwischen Vision und Aktion, zwischen Langfristigem und Kurzfristigem.

Für Ihre Wochenplanung können Sie sich außerdem eine Checkliste erarbeiten, die Ihnen dabei hilft, nichts zu vergessen. Mit dieser Liste erinnern Sie sich an regelmäßig wiederkehrende Dinge, die nicht unmittelbar mit Ihren Lebenshüten zusammenhängen, aber trotzdem Ihre Aufmerksamkeit benötigen. Im Rahmen der Wochenplanung arbeiten Sie die Checkliste ab und tragen die Termine in Ihr Zeitplanbuch ein.

»Checkliste wöchentlich«

Punkte auf dieser Checkliste könnten beispielsweise lauten:

- Termine füt Fitness (Joggen, Saune etc.) planen
- Termine mit Mitarbeitern und Partner abstimmen
- Besuche und Einladungen planen
- Freien Abend festlegen; Freizeit planen
- Zeit für Familie einplanen (Spielen mit den Kindern, ...)
- Aufmerksamkeiten für den Partner, die Familie, Mitarbeiter ausdenken
- Zeiten für Einkäufe einplanen
- Regelmäßige Tätigkeiten in die Tagespläne eintragen (Stammtisch, Mülltonne rausstellen, Altglas und -papier wegbringen, samstags Brötchen holen etc.)
- Fernseh- und Hörfunkprogramm checken und planen

Erster Horizont: Tag

Wenn Sie sich einmal die verschiedenen Tätigkeiten eines Tages anschauen, dann wird Ihnen vermutlich zweierlei auffallen:

1. Die Aufgaben haben eine unterschiedliche Qualität.
2. Es gibt so viel zu tun, dass Sie keine Chance haben, sämtliche Aufgaben zu bewältigen.

Das Eisenhower-Prinzip

Sie müssen also eine Auswahl treffen und außerdem festlegen, womit Sie beginnen. Bei diesen Entscheidungen können Sie mit dem Eisenhower-Prinzip arbeiten. Es unterscheidet zwischen *wichtig* und *dringend:*

- *Wichtig* ist alles, was Sie Ihren Zielen näher bringt.
- Alles, was Ihre unmittelbare Aufmerksamkeit erfordert, ist *dringend.*

Kombiniert man die beiden Kriterien *wichtig* und *dringend,* ergeben sich vier Felder.

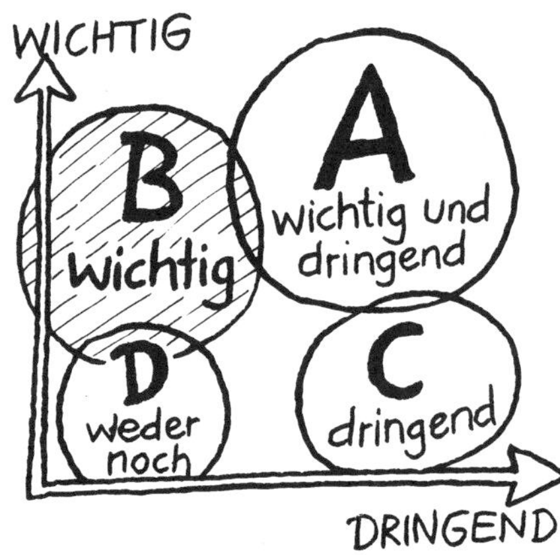

Wichtigkeit und Dringlichkeit

Wichtigkeit und Dringlichkeit sind grundverschieden. Wichtigkeit bedeutet Ziel und Erfolg; Dringlichkeit Zeit und Termin.

Das Dringende ist selten wirklich wichtig und das wirklich Wichtige selten dringend.

Das Eisenhower-Prinzip hilft Ihnen dabei, bei Ihren Aufgaben die Spreu vom Weizen zu trennen:

- Beim *Feld A* müssen Sie sofort handeln. Es handelt sich hierbei um Dinge, die noch heute erledigt werden müssen, weil sie wichtig und dringend sind. **Feld A**
- Angelegenheiten aus *Feld B* sind wichtig, müssen aber nicht heute erledigt werden. Solche Aufgaben sind zu terminieren. Behalten Sie den Termin im Auge und nehmen Sie sich tatsächlich Zeit für das Bearbeiten der B-Aufgaben. Denn B-Aufgaben verursachen Ihren Erfolg und bringen Sie Ihren Zielen näher. Viele Menschen, vielleicht auch Sie, schieben B-Aufgaben aber auf die lange Bank – eben weil sie nicht dringend sind. Wenn Sie jedoch Ihre B-Aufgaben rechtzeitig und mit kühlem Kopf erledigen, wird manches Problem erst gar nicht entstehen. **Feld B**
- Arbeiten, die anscheinend dringend sind, aber nicht wichtig, bilden das *Feld C*. Hier besteht die Gefahr der »Tyrranei des Dringlichen«. Sie müssen überlegen, ob Sie die Aufgabe delegieren können oder sogar unerledigt liegen lassen. Meist ist das weniger problematisch, als es auf den ersten Blick aussieht. **Feld C**
- *Feld D* besteht aus Tätigkeiten, die weder wichtig noch dringend sind. Diese Dinge sollten Sie sehr genau in den Blick nehmen, denn hier wird die meiste Zeit verschwendet. Tückisch ist, dass die Arbeiten im Feld D meist besonders viel Spaß machen. Werfen Sie Schriftstücke, die weder wichtig noch dringend sind, möglichst sofort weg. Versuchen Sie, Aufgaben oder Termine aus Feld D abzusagen oder zu delegieren. Entscheiden Sie sich höchst bewusst und zeitlich begrenzt für die D-Aufgaben, die Ihnen Erholung und Entspannung an einem stressigen Tag bieten. **Feld D**

Lernen Sie, Ihre Tätigkeiten den vier Feldern zuzuordnen

Welche Tätigkeiten haben Sie morgen vor? Schauen Sie in Ihren Kalender oder überlegen Sie kurz. Notieren Sie acht Aufgaben und ordnen Sie jeder Aufgabe das passende Feld zu, indem Sie den Buchstaben ankreuzen.

1. ______________________________ ☐ A ☐ B ☐ C ☐ D

2. ______________________________ ☐ A ☐ B ☐ C ☐ D

3. ______________________________ ☐ A ☐ B ☐ C ☐ D

4. ______________________________ ☐ A ☐ B ☐ C ☐ D

5. ______________________________ ☐ A ☐ B ☐ C ☐ D

6. ______________________________ ☐ A ☐ B ☐ C ☐ D

7. ______________________________ ☐ A ☐ B ☐ C ☐ D

8. ______________________________ ☐ A ☐ B ☐ C ☐ D

Typische Aufgaben Typische Arten von Aufgaben der vier Felder gehen aus der folgenden Übersicht hervor.

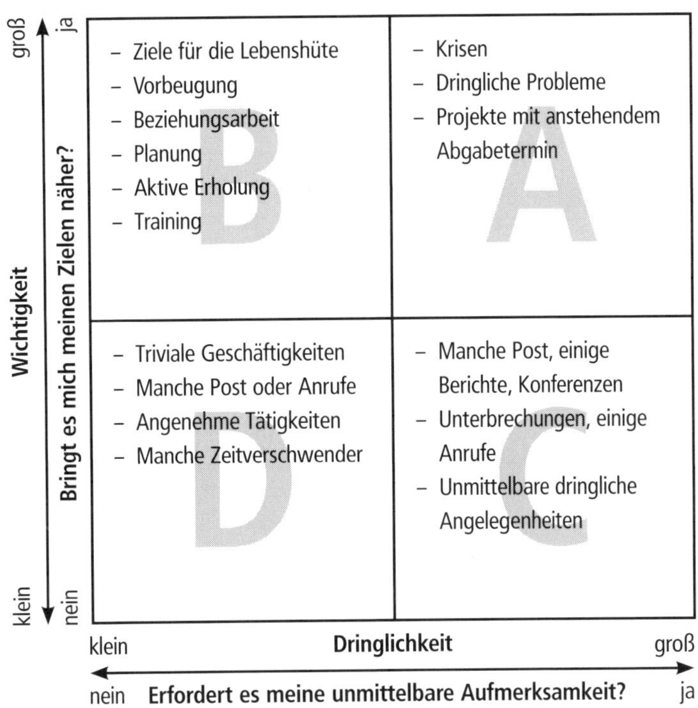

Machen Sie sich Ihre derzeitige Zeiteinteilung bewusst

Schätzen Sie einmal: Wie viel Prozent Ihrer Zeit verbringen Sie in welchem Quadranten?

Quadrant 1: ____ %

Quadrant 2: ____ %

Quadrant 3: ____ %

Quadrant 4: ____ %

Typische Folgen

Welche Folgen es hat, wenn Sie sich intensiv den Aufgaben eines bestimmten Feldes widmen, zeigt Ihnen die nächste Abbildung.

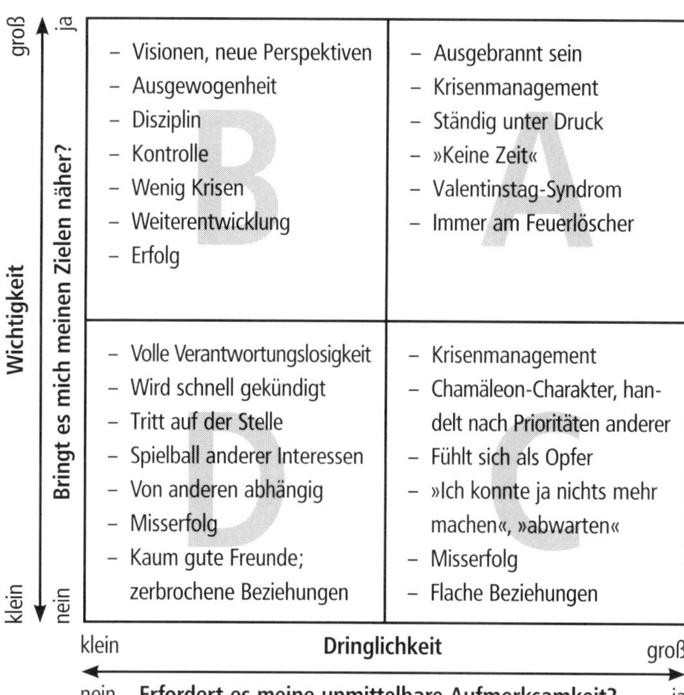

Mindestens zehn Prozent im B-Feld

Was vermuten Sie: In welchem Feld entsteht der Erfolg des Lebens? Es gibt hier keine absolut verbindliche Antwort. Aber: Wenn Sie sich weniger als zehn Prozent Ihrer Zeit im B-Feld aufhalten, sind Sie möglicherweise in operativer Hektik gefangen.

Ist jeder Ihrer Tage bis an den Rand mit A-Aufgaben gefüllt, kümmern Sie sich zwar um die wichtigen Dinge. Früher oder später werden Sie aber ein Problem bekommen, denn Sie gönnen sich nicht die Möglichkeit, Sachverhalte in Ruhe und ohne Druck zu durchdenken. Sie haben permanent das Gefühl, keine Zeit zu haben und gehen gehetzt durchs Leben.

Wenn Sie sich jeden Tag um viele C-Tätigkeiten kümmern müssen, ziehen Sie zwar immer wieder Ihren Hals aus der Schlinge. Aber in Bezug auf Ihre Ziele kommen Sie keinen Schritt voran.

Dominiert bei Ihnen die Beschäftigung mit D-Aufgaben, ist dies besonders problematisch, denn Sie verschwenden Ihre Zeit und Ihre Begabungen mit Dingen, die das nicht verdienen.

Zeit aus den Feldern C und D gewinnen

Versuchen Sie daher, jeden Tag auch an einer B-Aufgabe zu arbeiten. Da Sie zunächst am Feld A wenig ändern können, nehmen Sie Felder C und D sehr kritisch unter die Lupe. Dort muss die Zeit herkommen, die Sie künftig für die B-Aufgaben einsetzen.

Mit B-Aufgaben gewinnt Ihr Leben an Fahrt

Nehmen wir an, Sie schauen gern fern oder lesen mit Vorliebe Zeitschriften. Niemand sagt, dass Sie nicht fernsehen oder Magazine lesen dürfen. Die Frage lautet: Ist es zumutbar, den Medienkonsum bewusster zu gestalten und wenigstens ein bisschen zu reduzieren? Wenn Sie aus den Feldern C und D täglich auch nur eine halbe Stunde herausholen können, um die Zeit mit B-Aufgaben zu verbringen, gewinnt Ihr Leben spürbar an Fahrt in die richtige Richtung. Plötzlich sitzen Sie nicht mehr nur auf dem Beifahrersitz. Sie nehmen Ihr Leben selbst in die Hand und kommen Ihren Zielen näher.

TIPP

Wenn Sie künftig früh genug an den wichtigen Aufgaben im B-Feld arbeiten, werden diese Aufgaben nicht mehr dringend. Das A-Feld leert sich dadurch Zug um Zug. In dem Maße, wie dies geschieht, können Sie souveräner entscheiden, womit Sie sich im Laufe des Tages beschäftigen.

Optimieren Sie Ihre Zeiteinteilung

Betrachten Sie noch einmal Ihre Tätigkeiten für den morgigen Tag (Seiten 97 und 98). Welche Tätigkeiten aus dem C- und D-Feld wollen Sie reduzieren oder gar einstellen?

1. ______________________________

2. ______________________________

3. ______________________________

Um welche Aufgabe aus dem B-Feld wollen Sie sich morgen kümmern?

____

____

Nützliche Hinweise

Zum Abschluss einige Hinweise zur Tagesplanung:

1. *Oberstes Planungsprinzip ist die Schriftlichkeit.*
   Alle Aktivitäten, Aufgaben und Termine notieren Sie sofort im Zeitplanbuch. Nur so behalten Sie bei jeder Gelegenheit den Überblick und können sich auf das Wesentliche konzentrieren.
2. *Planen Sie am Vorabend den neuen Arbeitstag.*
   Lassen Sie Ihr Unterbewusstsein für sich arbeiten und seine schöpferischen Kräfte über Nacht wirken. Gehen Sie mit klaren Vorstellungen (inkl. Tagespriorität) in den neuen Tag.
3. *Schätzen Sie den Zeitbedarf und setzen Sie Zeitlimits.*
   Jedes Geldbudget muss kalkuliert sein. Bedenken Sie: Zeit ist noch wertvoller als Geld! Eine ungenaue Schätzung ist besser als gar keine. Weil Sie den Aufwand meist unterschätzen werden, multiplizieren Sie Ihre Schätzung mit 1,5.
4. *Verplanen Sie nicht den ganzen Tag (50:50-Regel).*
   Ein realistischer Tagesplan sollte grundsätzlich nur das enthalten, was Sie an diesem Tag erledigen wollen – und auch können. Weniger ist mehr! Lassen Sie noch

eine Pufferzeit von etwa 40 bis 50 Prozent übrig. Die Erfahrung wird Ihnen zeigen, was in Ihrem Arbeitsalltag machbar und planbar ist und was nicht.

5. *Geben Sie Ihrem Tag eine grobe Struktur.*
   Fassen Sie gleichartige Aktivitäten zu Arbeits- und Zeitblöcken zusammen – bleiben Sie aber flexibel!
6. *Fokussieren Sie Ihre Kraft konsequent auf Ihre Prioritäten.*
   Beginnen Sie mit der Tagespriorität. Befassen Sie sich nicht mit anderen Dingen, ganz egal, wie viel mehr Spaß Ihnen diese Aufgaben vielleicht machen. Ist diese Aufgabe erst einmal erledigt, können Sie aufatmen, denn der größte »Stein« ist im »Glas«. Fragen Sie sich anschließend mit Blick auf die weiteren Aufgaben: Was ist wirklich wesentlich? Was bringt mich meinen Zielen näher? Was würde passieren, wenn ich loslasse und dieses To do einfach streiche?
7. *Beginnen, bewältigen und beenden Sie den Tag positiv.*
   Ihre innere Einstellung bestimmt Ihr Verhalten und das Ihrer Umwelt. Denken, handeln und leben Sie lebensbejahend. Haben Sie Spaß an Ihrem Erfolg.

Beispiel für einen Tagesplan

08.30 – 10.00 Uhr	Arbeit an einer A-Aufgabe (konzentriertes Arbeiten ohne Unterbrechungen und Anrufe)
10.00 – 11.00 Uhr	Kommunikationspause (Rücksprache mit Mitarbeitern, telefonische An- und Rückrufe)
11.00 – 12.00 Uhr	Arbeit an einer A-Aufgabe oder Besprechung/Meeting (nie länger als 1 Stunde)
12.00 – 13.00 Uhr	Mittagspause
13.00 – 14.00 Uhr	Soziale Kommunikation, Post durcharbeiten, Fachzeitschriften lesen, C-Aufgaben
14.00 – 15.00 Uhr	Arbeit an einer B-Aufgabe (konzentriertes Arbeiten ohne Unterbrechungen und Anrufe)
15.00 – 16.00 Uhr	Kommunikationspause (Rücksprache mit Mitarbeitern, telefonische An- und Rückrufe)
16.00 – 17.00 Uhr	Arbeit an einer B-Aufgabe oder Besprechung/Meeting (nie länger als 1 Stunde)
17.00 – 17.30 Uhr	Tageskontrolle und Tagesplan mit Vorbereitung für den nächsten Tag, Feierabend

Schritt 4
Gönnen Sie sich Dreamdays

»Unsere größten Erlebnisse sind nicht unsere lautesten, sondern unsere stillsten Stunden.« *Jean Paul*

Eine Spielunterbrechung

Wer sein Leben souverän gestalten will, braucht immer wieder kleine Auszeiten. Genau eine solche »Spielunterbrechung« ist der Dreamday.

In den drei ersten Schritten haben Sie sich damit beschäftigt, wie Sie sich Ziele *setzen*. In den Schritten 5 bis 7 geht es darum, wie Sie diese Ziele *erreichen* bzw. was Sie bei Abweichungen tun können. Das Thema Dreamday steht mit Schritt 4 genau dazwischen, denn

- einerseits überdenken Sie im Laufe des Dreamdays Ihre Zielsetzungen und legen neue Ziele fest;
- andererseits nehmen Sie Ihre bestehenden Ziele in Augenschein und befassen sich damit, wie gut Sie mit der Verwirklichung vorankommen.

Ausbrechen aus dem Alltag

Ein Dreamday ist ein Nachdenktag, an dem Sie sich von aller operativen Hektik freimachen und ganz der Lebensplanung widmen. An solch einem Tag brechen Sie aus dem Kreislauf der täglichen Verpflichtungen aus und sind für niemanden zu sprechen.

Erfrischung für Ihre Seele

Wer sich im Alltag solche Oasen nicht gönnt, der steht in Gefahr, seine innere Beweglichkeit zu verlieren. Sein Blick auf die Umwelt erstarrt, sein Weltbild verkrustet. Der Dreamday ist ein Fitnessprogramm für Ihren Wesenskern. Aus diesem Programm wird Ihr Seele erfrischt hervorgehen.

Wendepunkt im Leben

Menschen, die sich nach einem Herzinfarkt oder Zusammenbruch in einer Kur befinden, Menschen, die an die Grenzen ihres Lebens gestoßen sind, denken plötzlich ganz anders über ihr Leben nach. Da wird während der Kur ein ganz neues Kapitel im Lebensbuch begonnen. Im Hinterkopf bleibt bei den Betroffenen die Frage: Warum habe ich nicht schon früher damit angefangen? Familie, Partner, Sport, Entspannung, Freizeit – all die Aspekte, für die früher nie Zeit blieb, erhalten eine neue Priorität. Und plötzlich geht es dann auch. Das Leben hat eine Wende genommen. Ich vermute, Sie beschäftigen sich mit diesem Buch, weil Sie mit dieser Wende in Ihrem Leben nicht bis zum Herzinfarkt warten wollen.

In der wachsamen Beschäftigung mit Ihren Lebenszielen können auch Dreamdays zu einem Wendepunkt werden.

Jedesmal, wenn Sie aus dem Dreamday herausgehen, verstehen Sie ein bisschen besser, wer Sie sind, in welcher Umwelt Sie leben und wohin die Reise geht. Sie lernen den Spielraum Ihres Handelns und Gestaltens immer besser abzuschätzen.

Auszeit nehmen auch bei Stress

Freilich: Es kostet Mut, sich eine Auszeit zu nehmen – besonders dann, wenn alles um einen herum »Hilfe!« schreit. Wie sollen Sie sich, wenn Ihnen die Not sichtbar vor Augen steht, aus allem entfernen? Keine Angst. Strategen tun nichts anderes. Wie oft haben sich Feldherren und Generäle in ihre Kammer allein oder mit Beratern zurückgezogen. Nach einer Weile kamen sie mit einer Entscheidung zurück. Dreamdays sind im Grunde genommen etwas ähnliches. Wie schon bei den Gedanken zum dritten Horizont gesagt: Letztlich geht es hier um *ein* Prozent Ihrer Zeit, das Sie in das bewussste Nachdenken über Ihr Leben investieren.

TIPP

Für einige Menschen ist ein Dreamday eine mutige Sache. Ich kenne manche, die es nicht schaffen, mit sich selbst alleine zu sein. Sie würden Angstzustände und Beklemmungen bekommen, sagen sie. Wenn es Ihnen auch so geht oder wenn Sie Ihren ersten Dreamday einfach lieber unter Anleitung erleben möchten, dann können Sie an den Dreamday-Tagen teilnehmen, die www.ziele.de mehrmals im Jahr veranstaltet. Auf unserer Website finden Sie in der Rubrik »Seminare« weitere Informationen.

Wählen Sie einen geeigneten Ort

Auf keinen Fall zu Hause

Wo findet ein Dreamday idealerweise statt? Überall – aber nicht zu Hause! Warum? In Ihrer Wohnung gibt es zu viel Ablenkung:

- Da schaut Sie ein Brief an, den Sie beantworten sollten.
- Ihr Blick fällt auf ein Buch, das Sie schon lange lesen wollten.
- Kaum sind Sie so richtig ins Nachdenken gekommen, unterbricht Sie ein Telefonat oder es klingelt an der Tür.

Die Liste ließe sich fortsetzen. Daher empfehle ich Ihnen: Brechen Sie bewusst von zu Hause auf, lassen Sie alle Arbeit zurück und suchen Sie einen Ort auf, der Sie inspiriert und Ihr Nachdenken fördert. Wo kann ein solcher Ort sein? Das lässt sich nicht allgemein sagen:

Schnellrestaurant

- Es gibt Menschen, die ziehen sich in ein *Schnellrestaurant* oder im Sommer in ein *Freibad* zurück. Sie verlassen ihre Wohnung am frühen Morgen, gehen in besagte Lokalität und verbringen dort ihren Dreamday. Das Getriebe, Gelärme und Gedränge fördert ihre Kreativität. Zwischendurch stehen sie immer wieder einmal auf, um das Tablett mit Erfrischungen zu füllen. Doch dafür müssen Sie der Typ sein.

Hotel

- Dann gibt es Menschen, die suchen sich ein *Hotelzimmer* in unmittelbarer Nähe des Wohnorts. Sie checken dort ein und verbringen ihren Dreamday dort. Doch dafür müssen Sie der Typ sein.

Natur

- Natürlich gibt es auch die Naturverbundenen. Die packen ihr Bündel mit allem, was sie brauchen, und machen sich am Samstagmorgen auf den Weg in die *Natur.* Sie schalten an ihrem Ziel ab und gehen in ihren Dreamday über. Doch dafür müssen Sie der Typ sein.

Ausland

- Andere nehmen sich gleich einige Tage und verreisen ins *Ausland.* Vielleicht ziehen Sie sich in die Novemberstille Nordjütlands in Dänemark zurück. Sie genießen die stillen Spaziergänge und die langen, einsamen Abende mit den Herbststürmen. Doch dafür müssen Sie der Typ sein.

Kloster

- Wieder andere führt der Weg ins *Kloster,* weil sie genau hier den Ort finden, der ihr Vorhaben fördert. Unter Abschottung und Stille schaffen sie Dinge, welche sie am Schreibtisch zu Hause nicht bewältigen. Im Kloster ist hochkonzentriertes Arbeiten möglich, das einzig durch die angebotenen Andachten und die Mahlzeiten unterbrochen wird.

Verbindlich anmelden

Wofür Sie sich auch immer entscheiden: Suchen Sie einen Ort außerhalb Ihrer gewohnten Umgebung. Falls Sie in ein Hotel oder in ein Kloster gehen oder aber die Teilnahme an den Dreamday-Tagen bevorzugen, dann melden Sie sich verbindlich an. Und wenn Sie eine andere Möglichkeit wählen, dann blockieren Sie die entsprechende Zeit in Ihrem Zeitplanbuch und verteidigen Sie den Zeitraum genauso hartnäckig, wie Sie dies bei einer festen Hotel- oder Seminarbuchung machen würden.

Gestalten Sie einen zweckmäßigen Ablauf

Ein Tag oder ein Wochenende?

Sie müssen sich zunächst entscheiden, ob Sie morgens das Haus verlassen und am Abend wiederkommen oder ob Sie sich für ein ganzes Wochenende zurückziehen. Vielleicht experimentieren Sie zu Beginn und probieren beide Formen aus. Haben Sie herausgefunden, was gut zu Ihnen passt, behalten Sie die Struktur künftig am besten bei. Wenn Sie sich über den Ablauf keine Gedanken mehr machen müssen, lässt Ihnen dies mehr Freiraum für die zu klärenden Fragen.

Das Programm für einen Dreamday in seiner kürzesten Form könnte beispielsweise so aussehen:

Beispiel für einen kurzen Dreamday

07.30 Uhr	Fußmarsch auf den Hochberg
08.00 Uhr	Distanz gewinnen, Unerledigtes notieren
08.30 Uhr	Kritische Betrachtung meines Masterplanes: Sind die Punkte Persönlichkeitsstärken, Lebensmotto, Wertvorstellungen, Lebenshüte, Zielfoto, Ziele für den Ruhestand und für die laufende Periode noch aktuell?
09.30 Uhr	Rückschau: Wie gut bin ich bei den einzelnen Lebenshüten mit Blick auf meine Jahresziele vorangekommen?
10.30 Uhr	Ausblick: Welche neuen Ziele nehme ich mir bis zum nächsten Dreamday vor?
12.30 Uhr	Resümee ziehen und neuen Termin festlegen
13.00 Uhr	Mittagessen im benachbarten Bergrestaurant
14.00 Uhr	Rückweg

Wenn Sie sich mehr Zeit nehmen können, dann nehmen Sie sich ein ganzes Wochenende. Sie reisen am Freitag nach der Arbeit ab und erreichen Ihr Ziel am späten Nachmittag oder am frühen Abend. Dann heißt es erst einmal ankommen, auspacken, einziehen. Machen Sie spätestens jetzt einen kleinen Plan, wie Sie das Wochenende verbringen wollen.

Am Freitag beginnen

TIPP

Wenn die äußeren Anforderungen und Reize verschwunden sind und Sie langsam zur Ruhe kommen, geht Ihnen vielleicht vieles durch den Kopf, was unerledigt ist oder was Sie belastet. Schreiben Sie einfach alles auf, was Ihnen in den Sinn kommt. Nach und nach kehrt Ruhe ein.

Am Samstag ungestört arbeiten

Beginnen Sie den Samstag mit Frühsport oder einem Spaziergang. Vielleicht stehen Sie schon auf, wenn noch alles schläft, alles ruhig ist und der Tag noch frisch riecht. Gehen Sie hinaus und lassen Sie Ihre Seele baumeln. Zurück im Zimmer machen Sie sich dann daran, die Fragen zu bearbeiten, die Sie sich vorgenommen haben. Sorgen Sie dafür, dass Sie dabei nicht vom Zimmerservice gestört werden. Schalten Sie das Mobiltelefon ab. Gönnen Sie sich nach der Arbeit am Abend ein gutes Essen.

Am Sonntag zurückkehren

Am Sonntag können Sie die Punkte angehen, die Sie am Samstag nicht geschafft haben. Tragen Sie alle Termine ins Zeitplanbuch ein. Machen Sie sich bereit für die Ankunft zu Hause. Was sagen Sie, wenn Sie ankommen und gefragt werden, wie es war?

Ein Dreamday-Wochenende in einem Kloster könnte möglicherweise so ablaufen:

Beispiel für Dreamdays im Kloster

Freitag

15.00 Uhr	Abfahrt
17.00 Uhr	Ankunft, Einchecken, Gepäck aufs Zimmer bringen

18.00 Uhr	Abendandacht in der Klosterkirche
18.30 Uhr	Gemeinsames Abendessen (ggf. schweigend)
19.30 Uhr	Komplet in der Klosterkirche
20.00 Uhr	Nachdenken, Unerledigtes notieren
22.00 Uhr	Nachtruhe

Samstag

08.00 Uhr	Frühstück
08.45 Uhr	Kritische Betrachtung meines Masterplanes: Sind die Punkte Persönlichkeitsstärken, Lebensmotto, Wertvorstellungen, Lebenshüte, Zielfoto, Ziele für den Ruhestand und für die laufende Periode noch aktuell?
10.00 Uhr	Rückschau: Wie gut bin ich bei den einzelnen Lebenshüten mit Blick auf meine Jahresziele vorangekommen?
12.00 Uhr	Mittagessen
13.00 Uhr	Ausblick: – Welche Ziele nehme ich mir bis zum nächsten Dreamday vor? – Detaillierte Planung großer Ziele – Was werde ich zu Hause aufräumen bzw. wegwerfen?
17.00 Uhr	Abendandacht in der Klosterkirche
18.00 Uhr	Gemeinsames Abendessen (ggf. schweigend)
19.00 Uhr	Komplet in der Klosterkirche
20.00 Uhr	Intensives Durcharbeiten eines Kapitels des Buches www.ziele.de
23.00 Uhr	Nachtruhe

Sonntag

08.00 Uhr	Frühstück
09.00 Uhr	Gottesdienst in der Klosterkirche
10.30 Uhr	Durchschauen der neuen Ziele
11.00 Uhr	Resümee ziehen und Ideen für den nächsten Dreamday festhalten
11.30 Uhr	Auschecken
12.00 Uhr	Mittagessen
13.00 Uhr	Abreise
15.00 Uhr	Ankunft zu Hause

Durch Distanz auf Ideen kommen

Die Teilnahme an den Gebeten und an den Mahlzeiten ist im Kloster freiwillig. Weil Sie sich dazu an einen anderen Ort begeben und neue Eindrücke gewinnen, bekommen Sie etwas Distanz zu den Punkten, über die Sie nachgedacht haben. Es kann passieren, dass Ihnen beim Essen oder während der Andacht gute Ideen kommen, die Sie weiterführen.

Entscheiden Sie, was Sie mitnehmen

Nichts Unerledigtes mitnehmen

Beim Dreamday geht es um Ihr Zielmanagement. Lassen Sie alles zu Hause und im Büro, was Sie davon ablenkt. Nehmen Sie weder unerledigte Akten aus Ihrem Arbeitsalltag mit noch ungelesene Zeitschriften oder Bücher, die nichts mit dem Thema Zielmanagement zu tun haben.

Erstellen Sie am besten eine persönliche Checkliste, die Ihnen beim Packen Ihrer Sachen jedesmal hilft, nichts zu übersehen.

Beispiel für eine Dreamday-Checkliste

Eine solche Checkliste könnte folgendermaßen aussehen:

- ☐ Masterplan
- ☐ Kariertes Notizpapier
- ☐ Schwarzer und roter Stift
- ☐ Fächermappe oder Sichtbuch mit Notizen und Material
- ☐ Zeitplanbuch bzw. PDA oder Laptop
- ☐ Netzgerät für PDA oder Laptop
- ☐ Tagebuch
- ☐ Mobiltelefon (ausgeschaltet lassen)
- ☐ Proviant wie Schokolade, Kekse für zwischendurch
- ☐ Jogginganzug und -schuhe
- ☐ Regenbekleidung und Wanderschuhe

TIPP

Fangen Sie rechtzeitig vor dem Dreamday an, alles zu sammeln, worüber Sie nachdenken bzw. was Sie entscheiden wollen. Legen Sie die Zettel und Unterlagen – sortiert nach Ihren Lebenshüten – in Hängemappen, in ein Sichtbuch oder in eine Fächermappe. Diese Hilfsmittel können Sie im Bürofachhandel kaufen.

Eine Fächermappe hat meist 12 Abteilungen; Sichtbücher bieten je nach Hersteller 10, 20, 30 oder 40 eingeschweißte Klarsichthüllen. Vielleicht experimentieren Sie auch hier zunächst ein wenig, um herauszufinden, welche Art des Sortierens Ihnen am meisten hilft und zusagt.

Gedankenpool ist wie ein Schatz

Beim nächsten Dreamday ist dieser Gedankenpool Ihr Schatz. Alle ungelösten Fragen liegen dort und warten nun in aller Ruhe auf Antworten.

Wie ein solches Sichtbuch strukturiert sein kann, sehen Sie hier:

Beispiel für die Struktur eines Sichtbuches mit 40 Folien

Dreamday-Ideenspeicher

LH = Lebenshut

1	Masterplan
2	DISG-Schnellcheck
3	Werte
4	Lebensmotto
5	Lebensrollen
6	Gedanken zum Thema Zielmanagement
7	Allgemeine Wunsch- bzw. Zielliste aus Schritt 1
8	LH 1 (Ehemann): Definition; Was möchte ich bis zum Ende erreichen?
9	LH 1 (Ehemann): Wünsche und To do-Liste
10	LH 1 (Ehemann): Gedanken und Notizen
11	LH 1 (Ehemann): Infoteil (Artikel, Interessantes, Anregungen)
12	LH 2 (Vater): Definition; Was werde ich bis zum Ende erreichen?
13	LH 2 (Vater):
14	LH 2 (Vater):
15	LH 2 (Vater):
16	LH 3 (Geschäftsführer):
17	LH 3 (Geschäftsführer):
18	LH 3 (Geschäftsführer):
19	LH 3 (Geschäftsführer):
20	LH 4 (Gemeinderat):
21	LH 4 (Gemeinderat):
22	LH 4 (Gemeinderat):
23	LH 4 (Gemeinderat):
24	LH 5 (Kirchengemeinde):
25	LH 5 (Kirchengemeinde):
26	LH 5 (Kirchengemeinde):
27	LH 5 (Kirchengemeinde):
28	LH 6 (Hobbykoch):
29	LH 6 (Hobbykoch):
30	LH 6 (Hobbykoch):
31	LH 6 (Hobbykoch):
32	LH 7 (Sportverein):
33	LH 7 (Sportverein):
34	LH 7 (Sportverein):
35	LH 7 (Sportverein):
36	
37	
38	
39	Checkliste: Was nehme ich mit?
40	Organisation der nächsten Dreamdays (Wann? Wo?)

Halten Sie Ihre Ideen fest

Kombination aus Ruhe und Bewegung

Wenn Sie mit Ihrem Dreamday beginnen, geht es darum, Ihre Unterlagen zu bearbeiten. Das kann einerseits am Tisch im Zimmer geschehen, andererseits aber auch während des Joggens oder des Spazierengehens. Gerade bei der Bewegung im Freien kommen vielen Menschen die besten Ideen. Kirchenvater Augustin sagte angeblich einmal: »Es gibt kein Problem, das so groß sein könnte, als dass es sich nicht bei einem ausgedehnten Spaziergang lösen ließe.« Ob Sie nun den ganzen Tag im Raum bleiben oder sich für eine Kombination aus Ruhe und Bewegung entscheiden – wichtig ist, dass Sie Ihre Ideen festhalten und schriftlich arbeiten.

Ideen aufs Diktiergerät sprechen

Wenn Sie sich für das Spazierengehen entscheiden, begeben Sie sich in eine Situation, in der Sie schlecht schreiben können. Die Lösung hat die Gestalt eines Diktiergeräts. Ein solches Hilfsmittel eignet sich ideal dazu, Ihre Gedanken festzuhalten. Selbst in kurzer Zeit können Sie eine Fülle von Ideen aufs Band sprechen. Moderne Geräte arbeiten inzwischen übrigens digital – Bänder müssen Sie gar nicht mehr kaufen.

Entscheidend ist natürlich, dass Sie das Gerät nach der Rückkehr in Ihrem Zimmer abhören und die Informationen aufschreiben bzw. abarbeiten.

TIPP

Sollten Sie im Diktieren noch keine Erfahrung haben: Bei www.ziele.de gibt es das Package »Richtig diktieren in 30 Minuten«. Es enthält eine CD, ein Booklet sowie die wichtigsten Diktierregeln zum Einheften in Ihr Zeitplanbuch.

Halten Sie Rückschau

Gehen Sie die Ziele durch, die Sie sich für die einzelnen Lebenshüte gesetzt haben. Kontrollieren Sie: Wie gut sind Sie mit Blick auf Ihre Jahresziele vorangekommen?

Zielerreichung bewerten

Es kann eine Hilfe sein, wenn Sie den Grad der Zielerreichung bewerten. Setzen Sie beispielsweise fünf Abstufungen ein:

1. *Sehr gut:* Ich habe größere Fortschritte erzielt als erwartet.
2. *Gut:* Alles lief wie geplant.
3. *Zufriedenstellend:* Es ging etwas träger voran als geplant.
4. *Schlecht:* Die Fortschritte sind zu gering und nicht akzeptabel.
5. *Kontraproduktiv:* Ich habe keinerlei Fortschritte erzielt.

Beispiel für eine Bewertung

Wenn Ihr Ziel zum Beispiel ist, in den kommenden vier Monaten 20 Pfund abzunehmen, dann könnten die Abstufungen so aussehen:

1. *Sehr gut:* 6 Pfund in 30 Tagen abgenommen
2. *Gut:* 5 Pfund in 30 Tagen abgenommen
3. *Zufriedenstellend:* 4 Pfund in 30 Tagen abgenommen
4. *Schlecht:* 2 Pfund in 30 Tagen abgenommen
5. *Kontraproduktiv:* 1 Pfund in 30 Tagen zugenommen

Am besten ist es, wenn Sie sich über die Vorgaben und die Abstufungen bereits beim Setzen des jeweiligen Zieles Gedanken machen. Dann kennen Sie die Meilensteine, die es zu erreichen gilt. Geht es um Abläufe, müssen Sie bestimmte Zeitvorgaben vereinbaren.

Doppelter Nutzen von Vorgaben

Die Vorgaben machen Ihnen deutlich, welche Ergebnisse Sie erwarten. Mit solchen Vorgaben ist gleich ein doppelter Nutzen verbunden:

- Sie zeigen den erreichten Fortschritt an.
- Sie bestimmen, wann ein Ziel erreicht ist.

Schwierigkeiten durchdenken

Der Umgang mit Zielen, die Sie zu Ihrer Zufriedenheit erreicht haben, ist einfach: Sie freuen sich. Brisanter wird es, wenn Sie bei einem bestimmten Vorhaben nicht vorankommen. Der Dreamday bietet Ihnen die Möglichkeit, über die Schwierigkeiten in Ruhe nachzudenken und Lösungsansätze zu entwickeln. Sie können dabei die folgende Übung nutzen.

Untersuchen Sie ein Ziel, das Sie nicht erreicht haben

Über welche Schwierigkeit wollen Sie genauer nachdenken?

Wie ist es zu dieser Schwierigkeit gekommen (Herkunft, Ursache)?

Was haben Sie dazu beigetragen, dass es zu dieser Situation gekommen ist?

Welche Auswirkung hat es momentan für Sie persönlich, dass es Ihnen nicht gelingt, das gesteckte Ziel zu erreichen?

Wie beurteilen andere Beteiligte die gegenwärtige Situation?

Wie denken Unbeteiligte darüber?

Welche Unterschiede gibt es in den drei Sichtweisen (eigene, beteiligte, unbeteiligte Perspektive)?

Welche Gemeinsamkeiten können Sie in den drei Einschätzungen ausmachen?

Woran könnten Sie erkennen, dass das Problem gelöst ist und Sie Ihrem Ziel wie gewünscht näher kommen?

Was wäre der Effekt, wenn Sie es auch in Zukunft nicht schaffen würden, das Ziel zu erreichen?

Wenn jemand anderes in diesem Punkt nicht vorankäme: Was würden Sie ihm raten?

Wer wäre in der Lage, Ihnen selbst einen guten Rat zu geben?

Neben diesen Fragen finden Sie weitere Impulse für den Umgang mit Abweichungen im Schritt 6, der sich ausschließlich diesem Thema widmet.

Lösung, Coaching oder Abschied

Idealerweise kommen Sie durch Ihre Beschäftigung während des Dreamdays auf Lösungsansätze, an die Sie bisher noch nicht gedacht haben. Vielleicht merken Sie aber auch, dass Sie Rat von außen brauchen – möglicherweise im Rahmen eines professionellen Coachings. Es kann andererseits aber auch sein, dass Sie sich dazu entscheiden, sich von einem einst gesteckten Ziel zu verabschieden.

Dreamdays sind eine gute Möglichkeit, Schlussstriche zu ziehen und Altes zurückzulassen.

Stecken Sie sich neue Ziele

Anstöße für neue Ziele

Der Dreamday lässt sich prima als Ausgangspunkt für neue Zielsetzungen nutzen. Anstöße für diese Ziele können aus unterschiedlichen Quellen stammen:

- Wenn Sie mit den Dreamdays erst anfangen und bereits den *ersten Schritt* dieses Buches bearbeitet haben, dann sind Sie im Besitz einer persönlichen Wunschliste bzw. Sie haben sogar eine Aufstellung von Zielen für die unterschiedlichen Bereiche des Lebens.
- Haben Sie *Schritt 2* bearbeitet, dann haben Sie zu Ihren Lebenshüten bereits Ziele definiert und sich für das jeweils wichtigste Ziel entschieden. Prüfen Sie, welche dieser Ziele Sie in Ihren Masterplan aufnehmen wollen.
- Falls Sie schon etwas Erfahrung mit Dreamdays gesammelt haben, arbeiten Sie vermutlich mit *Hängeregistermappen*, einem *Sichtbuch* oder einer *Fächermappe.* Seit Ihrem letzten Dreamday haben Sie dort wahrscheinlich eine Reihe von Wünschen, Zielen oder To do-Punkten gesammelt.
- Impulse für neue Ziele können Sie auch aus dem *Masterplan* gewinnen. Fragen Sie sich mit Blick auf die unterschiedlichen Lebenshüte und Horizonte, welchen Beitrag Sie leisten können, um Ihrem Zielfoto näher zu kommen.

Gewohnte Grenzen überschreiten

Natürlich können Sie während des Dreamdays auch sehr grundsätzlich an die Dinge herangehen und Ziele in Erwägung ziehen, an die Sie bisher noch gar nicht gedacht haben. Sie dürfen dabei ruhig anspruchsvoll sein und an Ziele denken, die die Grenzen Ihres bisher gewohnten Alltags überschreiten. Dass dies aber nicht gerade einfach ist, zeigt die folgende Übung.

Denken Sie nicht zu eng

Versuchen Sie, die neun Kreise mit vier Strichen zu verbinden, ohne den Stift abzusetzen.

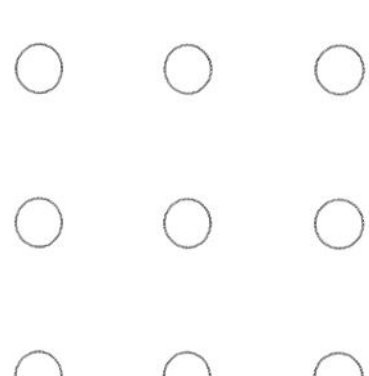

Blättern Sie erst um, wenn Sie die Lösung sehen wollen.

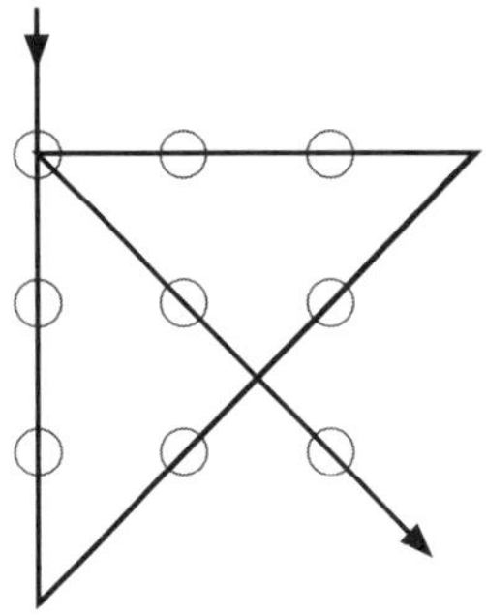

Haben Sie die Aufgabe lösen können? Viele Menschen verharren innerhalb der scheinbaren Grenze der Figur, die durch die neun Punkte gebildet wird. Dabei wird in der Anweisung zur Übung gar nicht gesagt, dass Sie sich nur innerhalb der Figur bewegen dürfen. Wer sich so beengt bewegt, setzt sich die Grenze selbst. Wenn Sie aber diese unsichtbare Grenze durchbrechen, ist es ganz leicht, die Aufgabe zu bewältigen.

Engen Sie sich nicht selbst ein, wenn Sie über neue Ziele nachdenken. Stellen Sie sich daher auch »große« Fragen wie zum Beispiel »Welchen Sinn finde ich in meiner Arbeit?« oder »Was wird mich letztlich langfristig glücklich machen?«. Wenn Sie Ihren Masterplan ganz grundlegend überarbeiten und beispielsweise einen neuen Lebenshut definieren möchten, dann tun Sie dies jetzt.

Mit Masterplan abstimmen

Damit Sie sich nicht verzetteln, sollte möglichst jedes Ihrer Ziele mit Ihrem Masterplan vereinbar sein. Bevor Sie sich neue Ziele setzen, beantworten Sie zunächst die Fragen der folgenden Übung.

Bearbeiten Sie die Liste Ihrer Wünsche und Ziele

Schicken Sie Ihre Ziele durch das Raster Ihrer Lebenshüte: Passt das Vorhaben überhaupt zu Ihrem Leben? □ ja □ nein

Welchen Lebenshut haben Sie auf, wenn Sie an der Realisierung Ihres Zieles arbeiten?

____

Falls es noch keinen passenden Lebenshut gibt: Sollen Sie das Ziel verwerfen? Oder ist es so wichtig, dass sich hier ein neuer Lebenshut herausbildet?

____

Welchem Horizont lässt sich das Ziel zuordnen?

□ Zielfoto (7) □ Ruhestand (6) □ 7-Jahresperiode (5)

□ Jahr (4) □ Quartal (3) □ Woche (2) □ Tag (1)

Tragen Sie das Ziel in Ihre Planungsunterlagen des jeweiligen Horizonts ein (Masterplan bzw. Zeitplanbuch).

Wenn Sie während des Dreamdays Ihre aktuellen Ziele und Aktivitäten betrachten und sich fragen, welche neuen Ziele Sie sich stecken wollen, dann seien Sie wählerisch. Nicht jedes Ziel ist es wert, von Ihnen verfolgt zu werden. Nicht jede Aktivität müssen Sie beibehalten. Es geht um *Ihr* Leben, und Sie können souverän entscheiden, was wichtig ist und was nicht.

Entscheiden, was wichtig ist

Misten Sie die Liste Ihrer Ziele aus und lassen Sie nur diejenigen Ziele übrig, die Sie wirklich voranbringen und die Ihren leidenschaftlichen Einsatz auch tatsächlich verdienen. Hilfestellungen für die Auswahl der richtigen Ziele habe ich Ihnen bereits im Schritt 2 geliefert.

Die Liste ausmisten

Fassen Sie den Vorsatz, Ihre Begabungen und Ihre Zeit nur in jene Ziele zu investieren, die Ihre engagierte Hingabe auch wirklich wert sind.

Je anspruchsvoller das Ziel ist, das Sie sich setzen, desto stärker wird es sich auszahlen, wenn Sie das Ziel gut durchdenken und seine Verwirklichung planen. Das bedeutet, dass Sie sich im Vorfeld über die Voraussetzungen und Folgen klar werden, die mit diesem Ziel verbunden sind.

Große Ziele gut durchdenken

Das klingt aufwendiger, als es ist. Denn für die Zielplanung können Sie die folgende Übung nutzen. Kopieren Sie am besten die beiden folgenden Seiten und füllen Sie den Vordruck für jedes einzelne größere Ziel aus, das Sie sich vornehmen. Das Ergebnis ist ein funktionierender Plan.

Vom Ziel zum Plan

Ebnen Sie den Weg zu Ihrem Ziel

Die folgenden Fragen helfen Ihnen dabei, große Ziele zu durchdenken und ihre Verwirklichung zu planen.

Notieren Sie hier Ihr Ziel und beachten Sie dabei, dass es messbar und machbar ist.

____

☐ messbar ☐ machbar

Bis wann wollen Sie dieses Ziel erreichen?

____

Ist dieses Ziel für Sie das richtige Ziel? Um diese Frage zu beantworten, kreuzen Sie bitte »ja« oder »nein« an. Wenn Sie auch nur ein »nein« ankreuzen, sollten Sie dieses Ziel besser nicht verfolgen.

1. Passt dieses Ziel zu den anderen Zielen in Ihrem Leben? ☐ ja ☐ nein
2. Harmonisiert das Ziel mit Ihrer Persönlichkeitsstruktur? ☐ ja ☐ nein
3. Stimmt das Ziel mit Ihren Wertvorstellungen überein? ☐ ja ☐ nein
4. Ist das Ziel auch aus einer langfristigen Perspektive heraus betrachtet sinnvoll? ☐ ja ☐ nein
5. Besteht die Aussicht, dass Sie mit Ihrer Kraft- und Zeitinvestition mit diesem Ziel eine besonders große Wirkung erzielen? ☐ ja ☐ nein

Warum wollen Sie dieses Ziel erreichen? Nennen Sie drei gute Gründe.

1. ______________________________
2. ______________________________
3. ______________________________

Wo stehen Sie heute in Bezug auf dieses Ziel?

____

Welche Ihrer Fähigkeiten und Begabungen werden Ihnen dabei helfen, das Ziel zu erreichen?

____

Wer kann Sie mit seinen bzw. ihren Fähigkeiten und Begabungen dabei unterstützen, Ihr Ziel zu erreichen?

____

Was müssen Sie alles tun, um Ihrem Ziel näher zu kommen? Legen Sie Teilziele fest. Sie können die Beziehung der Teilziele zum übergeordneten Ziel mit Kästchen und Verbindungslinien grafisch darstellen und sich dabei an folgendem Schema orientieren.

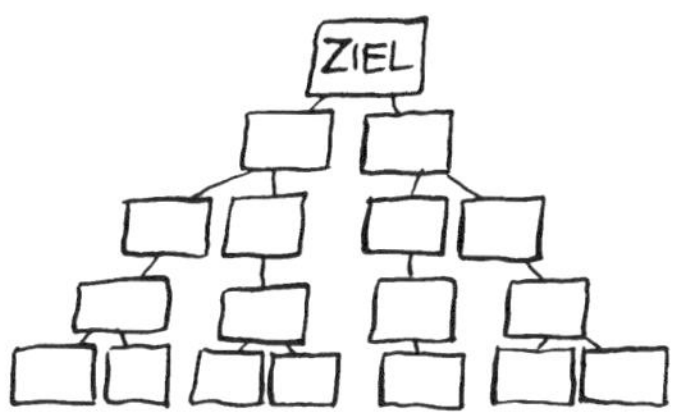

Was sind die drei Aktivitäten, die Sie bis zum nächsten Dreamday angehen möchten, um Ihrem Ziel näher zu kommen?

1. Aktivität: ______________________

   Aufwand (Zeit und Geld): ______________________

   Deadline (Datum): ______________________

2. Aktivität: ______________________

   Aufwand (Zeit und Geld): ______________________

   Deadline (Datum): ______________________

3. Aktivität: ______________________

   Aufwand (Zeit und Geld): ______________________

   Deadline (Datum): ______________________

Welche Hindernisse sind zu erwarten und wie werden Sie mit ihnen umgehen?

____

Mit Puffer planen

Wenn Sie große Ziele auf diese Weise schriftlich planen, verbessern sich Ihre Erfolgsaussichten spürbar. Noch ein Rat: Planen Sie die drei Aktivitäten, die Sie bis zum nächsten Dreamday bewältigen möchten, mit etwas Puffer. Die Planung soll Ihnen bei der Gestaltung Ihres Lebens *helfen* und Sie nicht noch weiter unter Druck setzen.

Räumen Sie Hindernisse aus dem Weg

Unordnung behindert Ihre Konzentration

Um Ihre Ziele zu erreichen, müssen Sie leistungsfähig und kreativ sein. Die Einrichtung Ihrer Wohnung und Ihres Arbeitsumfeldes kann Ihre Schaffenskraft fördern oder hemmen. Es macht einen Unterschied, ob Ihr Schreibtisch oder gar Ihr Fußboden mit herumliegenden Gegenständen, Zeitschriften und Papieren übersät ist oder nicht. Das ist nicht zuerst eine Frage der Ordnung, sondern eine Frage der Konzentration, die Sie Ihren Zielen widmen können.

Nutzen Sie daher die Distanz des Dreamdays und entscheiden Sie anhand Ihrer Ziele, was Sie innerhalb von 24 Stunden nach Ihrer Rückkehr aufräumen oder besser noch wegwerfen werden. Befreien Sie sich von Dingen, die Ihnen beim Erreichen Ihrer Ziele buchstäblich im Weg sind.

Entscheiden Sie, was Sie aufräumen oder wegwerfen

Legen Sie fest, welche Dinge oder Bereiche Sie aufräumen oder wegwerfen! Denken Sie dabei vor allem an die Räume, in denen Sie sich häufig aufhalten. Berücksichtigen Sie auch Ihren Schreibtisch sowie weitere Möbel in Ihrem Arbeitszimmer oder Büro.

1. ____________________

2. ____________________

3. ____________________

4. ____________________

5. ____________________

Ziehen Sie ein Resümee

Die letzte halbe Stunde am Ende Ihres Dreamdays sollten Sie dazu nutzen, ein Resümee zu ziehen und Überlegungen für die nächsten Dreamdays anzustellen.

Ziehen Sie ein Resümee und notieren Sie Einfälle für den nächsten Dreamday

Wie kamen Sie hier an?

____

Wie haben Sie den Dreamday erlebt?

____

Konnten Sie für Ihre Fragen und Probleme Antworten finden?

____

Welche Themen wollen Sie beim nächsten Dreamday bearbeiten?

____

Wann und wo wird Ihr nächster Dreamday stattfinden?

____

TIPP

Überlegen Sie auf dem Heimweg, was Sie anderen von Ihrem Dreamday erzählen wollen. Was sagen Sie, wenn Sie gefragt werden, wie es war? Sie sollten gut differenzieren, wem Sie was weitergeben, denn viele Punkte gehen nur Sie persönlich etwas an.

Schritt 5
Verwirklichen Sie Ihre Ziele mit Leidenschaft

»Wer wahre Leidenschaft besitzt, der ist schon fast am Ziel.«

FM Rommert

Sie lesen dieses Kapitel, weil Sie hin und wieder Motivationsprobleme haben, stimmt's? Man muss kein Prophet sein, um diese Aussage treffsicher machen zu können. Schätzungsweise hundert Prozent aller Erdenbürger kämpfen zumindest zeitweise mit diesem Problem.

Große Ziele, geringe Leidenschaft

Das Dilemma ist rasch beschrieben: Obwohl wir sehr genau wissen, was zu tun wäre, tun wir es nicht. Das Maß unserer Motivation reicht nicht aus, unser Verhalten zu ändern. Die Ziele sind groß, die Leidenschaft, diese Ziele auch zu erreichen, ist nach dem Verfliegen der anfänglichen Euphorie oft nur klein.

Vier Beispiele

Umfragen aus dem Jahr 2004 belegen das, wie das Nachrichtenmagazin Focus (Ausgabe 15/04) berichtet:

- *Sport:* 80 Prozent wollen mehr Sport treiben, aber nur 15 Prozent schaffen es, eine Stunde pro Woche zu trainieren.
- *Ernährung:* Mehr als 30 Prozent der Abnehmewilligen wollen mindestens fünf Kilogramm verlieren. 82 Prozent haben erfolglose Diäten hinter sich.
- *Rauchen:* Rund 40 Prozent der Raucher wollen aufhören, aber 98 Prozent schaffen es ohne fremde Hilfe nicht.
- *Beruf:* 69 Prozent der Arbeitnehmer sehen in der Karriere ihr Glück. Gleichzeitig geben 70 Prozent an, Dienst nach Vorschrift zu schieben.

Wenn Sie jetzt von mir die Lösung dieses Problems erwarten, dann muss ich Sie enttäuschen. Denn was das Thema Leidenschaft angeht, gibt es eine wichtige Erkenntnis, die gleichzeitig sehr unangenehm und sehr befreiend ist:

Keiner kann Sie besser motivieren als Sie selbst.

Andere Menschen sind nicht verantwortlich

Diese Erkenntnis ist deshalb so wichtig, weil viele von uns dazu neigen, für ihre Motivationsprobleme nicht sich selbst, sondern andere Menschen verantwortlich zu machen. Entsprechende Sätze schwirren durch unser Unterbewusstsein und werden manchmal auch ausgesprochen:

- »Wenn ich nicht mit diesem (Ehe-)Partner zusammen wäre, könnte ich sehr viel mehr für mein berufliches Fortkommen tun.«
- »Dass ich innerlich gekündigt habe, liegt nur an meinem unfähigen Chef.«
- »Familie und Beruf setzen mich derart unter Strom – ich kann jetzt unmöglich mit dem Rauchen aufhören.«

Diese Sätze enthalten im günstigsten Fall ein Körnchen Wahrheit, aber in ihrer Zuspitzung sind sie alle falsch. Denn für Ihre Motivation sind in erster Linie Sie selbst zuständig. Geben Sie niemandem so viel Macht über Sie, dass er Sie völlig demotivieren kann. Sondern treffen Sie in einem solchen Krisenfall motivierende Entscheidungen.

Im Schritt 5 werden Sie an Ihren Motivationsproblemen arbeiten. Daher empfehle ich Ihnen, gleich beim ersten Lesen alle Aufgaben schriftlich zu beantworten.

Bennen Sie Ihre wichtigsten Motivationsprobleme

An welchen Stellen bremsen Sie sich immer wieder selbst aus? Skizzieren Sie Ihre drei wichtigsten Motivationsprobleme.

1. ______________________________

2. ______________________________

3. ______________________________

Mit welchen Zielen stehen diese Motivationsprobleme im Zusammenhang?

1. ______________________________

2. ______________________________

3. ______________________________

Von »gegen« zu »für«

Die Grundvoraussetzung für Leidenschaft ist, dass Sie etwas gerne tun und sich mit Lust an Ihre Ziele machen. Beim Thema Ernährung heißt dies beispielsweise: Nicht in einen Dauerkampf *gegen* zu viel Zucker und Fett im Essen einsteigen, sondern *für* knackige Salate und andere pflanzliche Kost eine Begeisterung entwickeln. Dann kommt die Motivation zur gesunden Ernährung von innen, und die Gefahr, dass sie wieder verloren geht, ist deutlich geringer.

Überprüfen Sie die Richtung Ihrer Ziele

Wenn Sie die eben formulierten drei Ziele anschauen: Setzen Sie sich für etwas ein, oder lenken Sie Ihre Kraft gegen etwas? Sollte letzteres der Fall sein: Wie können Sie die Ziele positiv umformulieren?

1. ______________________________

2. ______________________________

3. ______________________________

Bewegen Sie sich im Flow-Kanal

Beitrag der Glücksforschung

Einen wertvollen Beitrag zur Frage der Leidenschaft hat in den vergangenen Jahren die Glücksforschung geliefert. Ein Pionier auf diesem Gebiet ist der ungarischstämmige Amerikaner Mihaly Csikszentmihalyi, dessen Buch »Flow. Das Geheimnis des Glücks« zum Weltbestseller wurde. Das Konzept des Flow-Kanals ist eine gute Hilfe, Motivationsproblemen auf den Grund zu gehen.

Seine Umgebung vergessen

Flow (deutsch: Fließen) stellt einen Bewusstseinszustand dar, in dem man ganz in seiner Arbeit oder Aufgabe aufgeht und dabei seine Umgebung und auch die Zeit fast vergisst. Kinder erleben Flow, wenn sie in ein Spiel oder einen spannenden Roman vertieft sind. Erwachsene erleben dasselbe, wenn sie von einer Aufgabe gepackt sind. Das kann die Lösung eines schwierigen Problems am Arbeitsplatz sein, aber auch die Vorbereitung eines Vier-Gänge-Menüs oder die Ausarbeitung eines Businessplans.

Völlige Überforderung

Ein Beispiel aus dem Sport soll veranschaulichen, was dieser Flow-Kanal bedeutet. Stellen Sie sich vor, Sie wollen das Golfspiel erlernen. Sie haben Ihre erste Übungsstunde, und Ihr Trainer heißt: Bernhard Langer. Deutschlands erfolgreichster Profi-Golfer zeigt Ihnen mal eben, wie es geht. Er wirbelt die Bälle nur so über Sandbänke und Grünflächen. Sie sind schon beim Zuschauen fix und fertig. Denn die Ansprüche des Profis an Ihrer Seite sind extrem hoch und Ihre Fähigkeiten (noch) sehr gering. Sie sind völlig überfordert und deshalb außerhalb des Flow-Kanals.

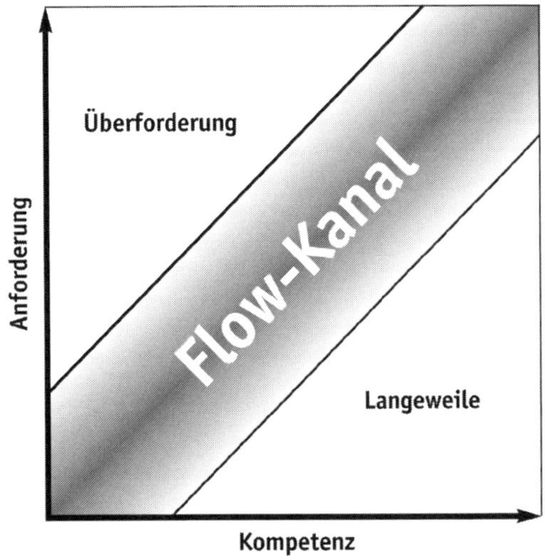

Totale Unterforderung

Nehmen wir nun an, Sie haben diese extrem hohe Anfangshürde überwunden und sind durch jahrelanges Training selbst zum Profi geworden. Und nun bekommen *Sie* die Aufgabe, gegen einen Anfänger anzutreten. Nicht sehr herausfordernd, oder? Sie schlagen ein paar Bälle bewusst in den Teich, damit wenigstens noch ein wenig Spannung aufkommt. Aber insgesamt ist das Turnier ein langweiliges Unterfangen. Ihre Fähigkeiten sind ja inzwischen gut ausgebildet, die Anforderung ist läppisch. Sie fühlen sich unterfordert und befinden sich außerhalb des Flow-Kanals.

Flow entsteht, wenn Kompetenz und Anforderung in einem vernünftigen Verhältnis zueinander stehen.

Wer sich *überfordert* fühlt oder beispielsweise durch seinen Chef weit über das Limit strapaziert wird, gerät in Stress und bekommt Motivationsprobleme. Wer *unterfordert* ist und keine herausfordernde Aufgabe hat, hängt ebenfalls bald durch.

Zurück in den Flow-Kanal

Was nützt Ihnen dieses Flow-Konzept nun im Blick auf das Thema Leidenschaft? Da, wo Sie diese Probleme entdecken, sollten Sie versuchen, sich zurück in den Flow-Kanal zu manövrieren. Das Geniale am Flow-Konzept ist: Sie können selbst kreative Wege suchen, wie Sie zurück in den Flow-Kanal kommen:

- Wenn Sie sich *überfordert* fühlen, prüfen Sie, ob diese Anforderungen sinnvollerweise ein wenig herabgeschraubt werden können.
- Wenn Ihnen bestimmte Fähigkeiten fehlen, erwägen Sie, wie Sie sich nachqualifizieren können.
- Wenn Ihnen die Herausforderung fehlt, suchen Sie sich eine neue.

Denken Sie immer daran: Wer im Flow-Kanal schwimmt, hat keine Motivationsprobleme. Die Kunst ist es, sich bewusst dort hineinzubegeben.

Kehren Sie zurück in den Flow-Kanal

Werfen Sie erneut einen Blick auf Ihre drei wichtigsten Motivationsprobleme. Fehlt Ihnen die Herausforderung? Oder fühlen Sie sich überfordert, weil Sie der Aufgabe nicht gewachsen sind?

1. ______________________________

2. ______________________________

3. ______________________________

Wie sähe es jeweils aus, wenn Sie sich im Flow-Kanal bewegen würden?

1. ______________________________

2. ______________________________

3. ______________________________

Was können Sie tun, um in den Flow-Kanal zu gelangen?

1. ______________________________

2. ______________________________

3. ______________________________

Teilziele stets im Flow-Kanal

Wenn Sie über Ihre Ziele nachdenken, dann gilt: Das Endziel kann gar nicht anspruchsvoll genug sein. Wenn Sie jedoch die Teilziele zu hoch stecken, geraten Sie in den Bereich der Überforderung. Sind Ihre Teilziele zu anspruchslos, bewegen Sie sich im Feld der Langeweile. Daher sollten Sie darauf achten, dass Sie sich mit Teilzielen weder über- noch unterfordern.

Wer täglich die Flow-Erfahrung erlebt, weil er die richtige Arbeit hat und sich zudem noch die richtigen Teilziele gesteckt hat, ist ein glücklicher Mensch. Und wie gesagt: Erwarten Sie nicht, dass ein anderer Sie aus Ihrem Motivationsloch herausholt. Sie müssen selbst Verantwortung übernehmen.

Klären Sie den Sinn Ihrer Ziele

Eine unverhoffte Begegnung

Ein Jungmanager geht am Strand spazieren. Er schlendert an der Kaimauer entlang. Dort sitzt ein älterer Herr und angelt. Der junge Manager kommt näher und erkennt den Angler als einen weit bekannten und berühmten Geschäftsmann. Er hat ihn auf den Titelblättern der einschlägigen Wirtschaftsmagazine gesehen. Der junge Mann fasst sich ein Herz und fragt: »Sind Sie Herr ...?« – »Ja, der bin ich.«

»Darf ich Ihnen eine Frage stellen?« – »Klar, was kann ich für Sie tun?« – »Meine Frage: Was muss ich tun, um so erfolgreich zu werden wie Sie?« – Der ältere Geschäftsmann darauf: »Setzen Sie sich hierher an meine Seite, ich will Ihnen das gerne zeigen.«

Was wollen Sie in Ihrem Leben?

Kaum sitzt der Manager auf der Kaimauer und lässt die Füße im Wasser baumeln, nimmt der Geschäftsmann dessen Kopf und drückt ihn unter die Wasseroberfläche – 10, 20, 30, 40 Sekunden. Schließlich schafft es der Manager, den Kopf wieder über Wasser zu bekommen. Prustend, schnaubend und um Luft ringend fragt er: »Warum haben Sie das getan?« – »So sehr, wie Sie diesen ersten Atemzug wollten und so leidenschaftlich – gibt es irgend etwas in Ihrem Leben, was Sie so sehr wollen?«

Meine Frage an Sie lautet: *Wollen* Sie Ihre Ziele überhaupt leidenschaftlich erreichen? Und wenn ja: Warum? Was ist der *Sinn* hinter Ihren Zielen? Diese Fragen sind sehr wichtig.

Für die Leidenschaft ist nichts tödlicher als das Gefühl der Sinnlosigkeit.

Sisyphus-Arbeit

Der antike Sisyphus, dessen Arbeit darin bestand, einen Felsblock einen steilen Berg hinaufzuwälzen, um ihn kurz vor Erreichen des Gipfels immer wieder ins Tal zurückrollen zu sehen – dieser Sisyphus hatte ganz sicher mit erheblichen Motivationsproblemen zu kämpfen. Nun gibt es auch in unserem Alltag Tätigkeiten, die an den Job von Sisyphus erinnern. Das Aufräumen zum Beispiel – denn nach kurzer Zeit ist ja ohnehin wieder vieles durcheinander. Oder das Wälzen von Aktenbergen – im Wissen, dass schnelleres Arbeiten nur dadurch »belohnt« wird, dass einem noch mehr Akten zugeschoben werden.

Die Sinnfrage entscheidet

Dies alles können Sie nur leidenschaftlich bewältigen, wenn Sie sich ins Bewusstsein rufen, *warum* eine Arbeit zu tun ist. Die Sinnfrage ist entscheidend.

Ab und zu muss man sich mit dem Gedanken trösten, dass es zum Broterwerb einfach dazu gehört, auch unliebsame Arbeiten zu tun. Betrachten Sie in diesem Fall Ihr Gehalt als Schmerzensgeld und machen Sie sich bewusst, dass hunderte Millionen Menschen auf dieser Welt ihr Einkommen mit erheblich mehr Mühen verdienen als Sie. Wenn Sie allerdings absolut keinen Sinn in Ihrer Tätigkeit erkennen und Sie das Los der Menschen in der Dritten Welt nicht versöhnlich stimmen kann – dann sollten Sie alles tun, um einen neuen Arbeitsplatz zu finden.

Sinn macht glücklicher als Geld

Übrigens: Sinn kompensiert auch Einkommen. Wenn Sie sich entscheiden müssen zwischen einer vergleichsweise schlecht bezahlten Tätigkeit, die Ihnen einen hohen Sinngehalt vermittelt, und einer gut bezahlten Tätigkeit, die Sie nicht sonderlich interessant und sinnvoll finden – nehmen Sie die sinnvollere Tätigkeit! Denn Geld hat keine dauerhafte Motivationskraft. Geld allein macht nicht glücklich; aber eine sinnvolle Tätigkeit kann – solange sie Sie nicht unmittelbar in die Verarmung führt – glücklich machen.

Das Wissen um den Sinn hilft über manche Durststrecke hinweg. Oder mit den Worten von Friedrich Nietzsche: »Wer ein Warum zum Leben hat, erträgt fast jedes Wie.«

Blicken Sie nun wieder auf Ihre drei Problembereiche und fragen Sie sich nach dem Sinn. Sie können beispielsweise einen besseren Umgang mit Ihrem Körper anstreben, weil Sie auch noch viele Jahre Ihres Ruhestands möglichst vital und voller Unternehmungen verbringen wollen.

Fragen Sie nach dem Sinn Ihrer Ziele

Warum halten Sie die Ziele für so erstrebenswert, dass Sie auf dem Weg dorthin nicht durch mangelnde Leidenschaft gestört werden wollen?

1. ______________________________

2. ______________________________

3. ______________________________

Stellen Sie sich das Ergebnis bildhaft vor

Der ganze Mensch ist im Spiel

Bis jetzt ging es in diesem Kapitel »nur« um die rationale, vernünftige, logische Seite unseres Denkens. Die Hirnforscher siedeln diese Seite in der linken Hirnhälfte an. Eine brennende Leidenschaft erfasst aber den ganzen Menschen. Es ist also auch die rechte Hirnhälfte im Spiel. Hier geht es um Ihr Fühlen, Ihre Empfindungen.

> **Wenn Sie mit dem Erreichen eines Ziels positive Gefühle verknüpfen, sind Sie auch motiviert, zu diesem Ziel aufzubrechen und unterwegs durchzuhalten.**

Konsequenzen vor Augen halten

Nehmen wir an, Sie haben sich vorgenommen, regelmäßig zu joggen, aber Sie halten sich immer wieder selbst davon ab, weil Sie mit dem Joggen Anstrengung oder vielleicht sogar Schmerzen verbinden. Die Vorstellung, durch die Bewegung einen gesünderen, leistungsfähigeren Körper zu entwickeln, bleibt dabei so blass, dass Sie einfach nicht in Bewegung kommen. Deshalb müssen Sie sich die Konsequenzen Ihres Tuns und Ihres Nichttuns buchstäblich vor Augen halten – und zwar vor die inneren Augen.

Positive Visualisierung

Schließen Sie die Augen für einen Moment und sehen Sie sich in einem durchtrainierten Körper. Der Aufbruch zum Dauerlauf ist keine Last mehr, Ihr Körper sehnt sich geradezu nach dieser Bewegung wie ein wildes Pferd. Sie sind fit, Sie brauchen im Betrieb keinen Aufzug mehr, weil Sie auch bei Benutzung der Treppen ohne Atemnot im dritten Stock ankommen. Sie fühlen sich tagsüber nur selten müde, können auch noch nachts arbeiten, weil Ihr Körper leistungsfähig ist und Leistung bringen will. Es ist eine Lust, in diesem Körper zu wohnen!

Negative Visualisierung

Drehen Sie diese Visualisierungsübung nun um. Visualisieren Sie die Folgen des *Nichttuns*. Sehen Sie, dass Sie in den kommenden zwölf Monaten wieder drei Kilo zunehmen werden. Bisher wölbte sich ein kleiner Schwimmring um Ihren Leib. Im T-Shirt werden Sie nun aber bald so aussehen, als hätten Sie einen Handball verschluckt. Auch für kürzeste Distanzen verwenden Sie lieber das Auto, weil Sie so schnell aus der Puste sind. Ihr Blutdruck steigt in gefährliche Regionen. Sie fühlen sich häufig schlaff. Ihr Geist verliert im selben Maß die Beweglichkeit wie Ihr Körper.

Übung verankert Gefühle

Wollen Sie das? Natürlich nicht. Wenn Sie diese Übung in beide Richtungen häufiger durchführen, wird ein Großteil Ihrer Motivationsprobleme automatisch verschwinden. Sie werden mit dem Joggen gute Gefühle verbinden, mit dem Nichtstun schlechte. Abgesehen davon setzt der Körper zum Dank für die Bewegung noch allerlei Glückshormone frei, die Sie für Ihren Einsatz belohnen.

Katastrophen vorstellen

Zugegeben: Manchmal klappt die Visualisierungsübung nicht in beide Richtungen. Wenn Sie seit 20 Jahren einen chaotischen Schreibtisch haben und dennoch Abteilungsleiter geworden sind, wird sich vielleicht keine Katastrophe anbahnen, wenn Sie weiterhin vom Papierchaos umgeben arbeiten. Stellen Sie sich aber auch hier die übelsten Folgen vor: Kann es sein, dass Ihre Unordnung Ihnen doch eines Tages das Genick brechen wird, weil Vorgänge unzulänglich dokumentiert sind oder wichtige Unterlagen in einem Stapel begraben wurden? Kann es sein, dass Sie nicht zuletzt wegen Ihrer mangelnden Selbstorganisation bereits jetzt das Ende Ihrer Karriereleiter erreicht haben – obwohl es doch durchaus noch weitergehen könnte?

Visualisieren Sie das Ergebnis Ihres Tuns und Ihres Nichttuns

Stellen Sie sich den Endzustand möglichst anschaulich vor. Was fühlen Sie jetzt? Was hören Sie? Was sehen Sie? Was können Sie riechen?

1. Konsequenz des Tuns:

   ____

   ____

   Konsequenz des Nichttuns:

   ____

   ____

2. Konsequenz des Tuns:

   ____

   ____

Konsequenz des Nichttuns:

____

____

3. Konsequenz des Tuns:

____

____

Konsequenz des Nichttuns:

____

____

Film statt starrer Bilder

Die Übung wird noch intensiver, wenn Sie sich die jeweiligen Resultate nicht als starres Ergebnis vorstellen, sondern als Film, in dem Sie sich bewegen. Je häufiger Sie sich diesen Film anschauen, desto stärker prägt er sich in Ihr Gedächtnis und in Ihr Unterbewusstsein ein.

Machen Sie Schluss mit Ihren Ausreden

Hindernisse sind meist nicht echt

Auf dem Weg zu Ihren Zielen werden Sie vielen Widerständen begegnen. Betrachten Sie diese Hindernisse aber einmal genauer. In manchen Fällen werden Sie feststellen, dass nichts als eine leere Hülle übrig bleibt. Das Hemmnis entpuppt sich damit als Vorwand, als bloße Ausrede.

Typische Ausreden lauten:

- Ich möchte mir verschiedene Möglichkeiten offen halten.
- Wenn ich nur mehr Geld hätte, dann …
- Ich bin heute einfach nicht in Stimmung.
- Ich bin zu müde.
- Das bringt doch eh nichts.

- Das kann ja gar nicht funktionieren.
- Das schaffe ich sowieso nicht.
- Morgen ist auch noch ein Tag.
- Dafür habe ich jetzt keine Zeit.
- Jetzt ist schon alles zu spät.
- Dafür bin ich schon zu alt.
- Das ist mir zu anstrengend.

Sich der Ausreden bewusst werden

Wenn Sie solche Gedanken zulassen, rauben Sie sich die Leidenschaft selbst. Sie verkleinern die Chance, Ihr Vorhaben zu verwirklichen. Machen Sie sich deshalb Ihre leeren Ausreden bewusst und trainieren Sie, nicht mehr auf sie zu hören.

Fragen Sie sich, wenn Ihnen eine Ausrede durch den Kopf geht: Will ich mein Ziel erreichen? Oder will ich lieber der Ausrede nachgeben?

Je besser es Ihnen gelingt, sich nicht mehr von den Ausreden überlisten zu lassen, desto schneller gelangen Sie an Ihre Ziele.

Hinterfragen Sie Ihre Ausreden

Welche Ausreden benutzen Sie häufig in Zusammenhang mit Ihren drei Motivationsproblemen? Schreiben Sie die Formulierungen auf. Platzieren Sie diese Liste an einem Ort, an dem Sie sie häufig sehen können. Gefahr erkannt – Gefahr gebannt!

1. ______________________________

2. ______________________________

3. ______________________________

Arbeiten Sie an einer positiven Einstellung

Gelingen oder Misslingen?

Henry Ford sagte einmal: »Ob du meinst, es wird dir gelingen, oder ob du meinst, es wird dir misslingen – du hast in jedem Fall recht.« Diese Aussage macht auf einen Zusammenhang aufmerksam, dessen Bedeutung wir gar nicht überschätzen können: Ob

Sie Ihre Ziele mit Leidenschaft erreichen, hängt ganz eng mit der Art und Weise zusammen, wie Sie sich selbst und Ihre Umwelt wahrnehmen.

Beispiel Stephen Hawking

Dazu ein Beispiel: Auch Sie haben sicher schon von Menschen gehört oder gelesen, die trotz massiver Behinderungen schier Unglaubliches leisten. Zu ihnen gehört der Physiker und Mathematiker Stephen Hawking, der an der Universität Cambridge forscht und lehrt. Er lieferte und liefert bedeutende Beiträge für die Wissenschaft – obwohl er wegen einer schweren Krankheit weder sprechen noch schreiben kann und auf einen Rollstuhl angewiesen ist. Seine Vorträge hält er mithilfe eines Sprachcomputers. Trotz dieser fast unüberwindlichen Schwierigkeiten gilt Hawking schon zu Lebzeiten als einer der bedeutendsten Physiker der Neuzeit und wird oft auf eine Stufe mit Albert Einstein und Isaac Newton gestellt.

Wirkliche Grenzen

Dieses Beispiel zeigt: Die wirklichen Grenzen, die uns einschränken und uns daran hindern, Ziele leidenschaftlich zu verfolgen, liegen nicht in äußeren Gegebenheiten wie Gesundheit oder Geld. Die wirklichen Grenzen liegen in unserer Einstellung zu uns selbst und zu unserer Umwelt. Diese wirklichen Grenzen haben Namen wie beispielsweise

- Selbstmitleid,
- Faulheit,
- Kleinmut
- und Verdrossenheit.

Ihre persönliche Einstellung

Charles Swindoll sieht das so: »Je länger ich lebe, desto mehr begreife ich die Wirkung, die unsere persönliche Einstellung auf das Leben hat. Die persönliche Einstellung ist für mich wichtiger als Tatsachen. Sie ist wichtiger als die Vergangenheit, als Erziehung, als Umstände, als Geld, als Erfolg, als das, was andere Menschen sagen oder tun. Sie ist wichtiger als Aussehen, Begabung oder Können. Die persönliche Einstellung ist das A und O (...).

Bemerkenswert daran ist, dass wir jeden Tag neu entscheiden können, in welcher Einstellung wir dem Tag begegnen wollen. Wir können unsere Vergangenheit nicht verändern. Wir können auch die Tatsache nicht ändern, dass Menschen in einer bestimmten Weise handeln werden. Wir können nur eins tun, auf der einzigen Saite zu spielen, die wir haben, und das ist unsere persönliche Einstellung … Ich bin davon überzeugt, dass mein Leben zu 10 Prozent aus dem besteht, was mit mir geschieht, und zu 90 Prozent aus dem, wie ich darauf reagiere.«

Viele haben sich abgefunden

Swindoll versichert, dass wir entscheiden können, mit welcher Einstellung wir dem Tag begegnen. Das ist allerdings leichter gesagt als getan, denn üblicherweise haben sich die meisten Menschen an ihre Sicht der Dinge gewöhnt und sich mit ihren selbst gesetzten Begrenzungen abgefunden.

Flut von Negativbotschaften

Eine Ursache dafür sieht der Managementtrainer und Coach Marcus Mockler darin, dass wir von Kindesbeinen an einer Flut von Negativbotschaften ausgesetzt sind. »Das sollst du nicht, das kannst du nicht, das darfst du nicht« – diese Einschränkungen prasseln jahrelang auf den erwachsen werdenden Menschen ein. Eine Studie behauptet, der durchschnittliche Amerikaner hört bis zu seinem 18. Geburtstag 150 000 Mal das Wörtchen »nein«. Wer nur von »Neins« umgeben ist, dem fällt ein »Ja« zu seinen Herausforderungen schwerer.

Solche Negativbotschaften fressen sich in unsere Köpfen fest und leben dort weiter – oft länger als die Person, die uns mit dieser Negativbotschaft belastet hat. Für manche Menschen stellen solche Prägungen eine Fessel dar, die sie ein Leben lang an einer freien Entfaltung hindert.

Grenzen bewusst überschreiten

Wenn Sie sich in diesen Beschreibungen wiederfinden, dann machen Sie sich bewusst, dass Sie ein einzigartiger Mensch sind, der mit großartigen Gaben für seinen Lebensweg ausgestattet wurde. Probieren Sie es einmal aus, Ihre unsichtbaren Grenzen zu überschreiten. Im Gegensatz zu einem Tier können Sie sich dies bewusst und willentlich vornehmen.

Warum erwähne ich das? Nun, von Tierversuchen weiß man, wie schnell sich Tiere an Grenzen gewöhnen. Wenn Sie einen Floh in ein Weckglas einsperren, hüpft er immer wieder gegen den Deckel. Irgendwann gewöhnt er sich jedoch an die Begrenzung. Nehmen Sie den Deckel fort, bleibt der Floh trotzdem im Glas. Ein anderes Beispiel: Junge Elefanten, die als Nutztiere dienen sollen, werden an einen Baumstumpf gekettet. Zunächst versuchen die Elefanten, den Baumstumpf auszureißen. Im Laufe der Zeit gewöhnen sich die Tiere aber an ihren engen Lebensradius. Selbst wenn die Kette nicht mehr am Baumstumpf befestigt ist, läuft der Elefant nicht weg.

Selbstzweifel beiseite schieben

Das heißt für Sie: Schieben Sie anerzogene Selbstzweifel beiseite. Akzeptieren Sie nicht jeden negativen Gedanken, der Ihnen scheinbar den Weg in eine bessere Zukunft verbaut.

Natürlich gibt es auch Menschen, die leiden an maßloser Selbstüberschätzung. Wenn Sie zu diesem (vergleichsweise seltenen Typ) gehören, dann sollten Sie sicher mehr auf kritische Stimmen von außen hören.

Anerzogene Ängste

Die allermeisten Menschen aber unterschätzen ihre Leistungsfähigkeit. Man hat uns gesagt, wir seien unfähig, vor Menschen zu sprechen. Also haben wir Angst davor und tun es nicht. Dabei besitzen wir möglicherweise eine überdurchschnittliche rhetorische Begabung, die nun nicht mehr zur Entfaltung kommen kann. Man hat uns eingeredet, dass wir es in dieser wirtschaftlich schwierigen Zeit nie schaffen werden, ein eigenes Unternehmen zu gründen. Also bleiben wir lieber in unserem Beamtenjob weitere Jahre unglücklich, anstatt den Sprung in die Selbstständigkeit zu wagen.

Damit soll nicht den billigen Versprechungen mancher Motivationsgurus gefolgt werden. Es gibt auch Grenzen. So wenig man aus einer Kellerassel einen Schmetterling machen kann, so wenig kann man aus einem völlig unstrukturiert denkenden Menschen eine Führungskraft machen (obwohl man bisweilen doch die eine oder andere Führungskraft dieses Typs entdeckt).

> **Seien Sie realistisch, aber nicht fatalistisch.**
> **Vertrauen Sie darauf, dass noch mehr in Ihnen steckt,**
> **das an die Oberfläche und zur Entfaltung kommen möchte.**

Optimistisch denken

Wenn Sie im Motivationsloch hocken, vergegenwärtigen Sie sich: Sie haben schon ganz andere Schwierigkeiten gemeistert! Die Probleme, die vor Ihnen liegen, sind Herausforderungen, an denen Sie wachsen und reifen werden! Wie stolz werden Sie sein, wenn Sie die Schwierigkeiten dieses Projektes überwunden haben! Sie haben allen Grund, optimistisch nach vorne zu schauen – bei Ihrer Begabung!

Negativ und positiv

Wie verschieden Menschen reagieren und leben können, zeigt die folgende Gegenüberstellung.

Ein Mensch mit einer negativen Einstellung	Ein Mensch mit einer positiven Einstellung
Sagt: »Es mag möglich sein, aber es ist mir zu schwierig.«	Sagt: »Es mag schwierig sein, aber es ist möglich.«
Denkt: »Das wird sowieso nichts.«	Denkt: »Ich will es wenigstens versuchen.«
Weist bei Problemen die Verantwortung von sich und sucht einen Schuldigen.	Übernimmt bei Problemen die Verantwortung und sucht eine Lösung.
Lässt die Dinge geschehen und schaut zu.	Packt an.
Sieht in jeder Lösung ein Problem.	Sieht zu jedem Problem eine Lösung.
Fragt sich: »Warum tut keiner was?«	Fragt sich: »Was kann ich tun?« und gestaltet mit.

TIPP

Machen Sie sich die radikalen Unterschiede dieser beiden Lebenseinstellungen bewusst. Suchen Sie aktiv die Nähe von Menschen mit einer positiven Einstellung und lernen Sie von ihnen. Entlarven Sie die Negativbotschaften, die in Ihnen aufsteigen und die Sie entmutigen wollen. In den allermeisten Fällen ist an der Negativbotschaft überhaupt nichts Wahres dran.

Gewinnen Sie eine positive Einstellung

Welche Negativbotschaften haben Sie in Zusammenhang mit Ihren drei Motivationsproblemen im Kopf? Welche äußeren Umstände empfinden Sie als lähmend?

1. ______________________________

2. ______________________________

3. ______________________________

Wie würde ein unverbesserlicher Optimist diese Umstände beurteilen?

1. ______________________________

2. ______________________________

3. ______________________________

Suchen Sie sich gute Vorbilder

Orientierung durch ein Vorbild

Von Vorbildern kann eine enorme Kraft ausgehen. Sie geben Orientierung, wenn man mal nicht weiter weiß. Wer ein Vorbild hat und das Leben des Vorbildes gut kennt, kann sich die Frage stellen: Wie würde mein Vorbild in dieser Situation entscheiden? Und häufig treten dabei überraschende Antworten zutage. Damit ist nicht gemeint, dass Sie sich einem Idol bedingungslos ausliefern sollen. Es geht einfach darum, bei Fragen oder Problemen die Perspektive zu wechseln.

Je mehr Sie über Ihr Vorbild wissen, je besser Sie also über die Persönlichkeit, das Wertesystem, den Umgang mit Krisen und schwierigen Problemen, die Arbeits- und Denkweise, die Begabungen usw. informiert sind, umso leichter funktioniert dieser Perspektivenwechsel. Klären Sie daher möglichst genau, welche Eigenschaften, Wesenszüge und Verhaltensmerkmale Sie an Ihrem Vorbild schätzen.

Kapieren statt Kopieren

Sinn der Übung ist es dabei nicht, dieser Person möglichst ähnlich zu werden. Absicht ist es zu verstehen, was die Besonderheit dieser Person ausmacht. Es geht also nicht um das *Kopieren*, sondern um das *Kapieren*.

Suchen Sie sich einen Gegenstand, ein Foto oder ein Symbol, das Sie an Ihr Vorbild denken lässt. Sie sollten diesen Erinnerungsanker so platzieren, dass immer wieder Ihr Blick darauf fällt. Manche junge Christen tragen beispielsweise ein Armband mit den Buchstaben »WWJD«. Sie stehen für »What would Jesus do?«, also »Was würde Jesus tun?« Was könnte Sie an Ihr Vorbild erinnern?

Lassen Sie sich von Ihrem Vorbild inspirieren

Wie würde Ihr Vorbild mit Ihren drei Motivationsproblemen umgehen?

1. ______________________________

2. ______________________________

3. ______________________________

Sagen Sie Nein

Vor fremdem Karren

Vielleicht kommen Sie gar nicht dazu, sich mit Leidenschaft Ihren Zielen zu widmen, weil Sie zu vieles tun, zu dem Sie eigentlich hätten Nein sagen müssen. Wer Ja sagt, muss wissen, dass er sich vor den Karren eines anderen spannen lässt. Nur wer auch Nein sagen kann, wird die Zeit finden, an seinen eigenen Zielen und Plänen zu arbeiten.

Trösten Sie sich: Dieses Phänomen ist weit verbreitet. Falls es auch auf Sie zutrifft, finden Sie hier einige Ratschläge, wie Sie künftig erfolgreich und ohne schlechtes Gewissen Nein sagen können.

1. Differenzieren Sie

Das Nein eingrenzen

Ein heutiges Nein gilt nicht in alle Ewigkeit. Machen Sie deutlich, dass dieses Nein sich nur auf heute bezieht und möglicherweise auch nur auf einen ganz bestimmten Bereich bzw. auf ein bestimmtes Projekt.

2. Sagen Sie klar Nein, ohne zu verletzen

Das Nein erklären

Sagen Sie offen Nein, damit Ihr Gesprächspartner weiß, woran er ist. Begründen Sie Ihre Entscheidung so freundlich, wie Sie es nur können. Durch eine nachvollziehbare Erklärung können Sie beim Gegenüber auf Verständnis hoffen. Lernen Sie, so charmant Nein zu sagen, dass der andere ganz begeistert ist, dass Sie überhaupt mit ihm geredet haben. Lassen Sie sich jedoch nicht auf eine Diskussion ein und halten Sie Ihre Begründung knapp, sonst klingt es wie eine Rechtfertigung.

3. Bieten Sie Alternativen

Lassen Sie den Fragenden nicht mit dem Gefühl zurück, dass Sie kein Interesse daran haben, was aus seinem Problem wird. Zeigen Sie Hilfen und Möglichkeiten, Auswege oder Alternativen auf.

Hilfen aufzeigen

4. Hüten Sie sich vor Bequemlichkeit

Ja zu sagen, ist die einfachste Methode, um Schwierigkeiten und Störungen vom Tisch zu bekommen. Genau dies ist das Problem! Solche Kompromisse holen uns ein Leben lang wieder ein. Das dicke Ende kommt gewiss (»Bumerang-Effekt«). Geben Sie der Versuchung nicht nach, Ja zu sagen, nur um Konfrontationen aus dem Weg zu gehen. Wer seine Ziele erreichen will, muss Nein sagen können.

5. Tappen Sie nicht in Jasager-Fallen

Es gibt Situationen, in denen wir leicht Ja sagen. Bei diesen Jasager-Fallen fällt es uns besonders schwer, uns abzugrenzen. Wir reagieren wie auf Knopfdruck und geben unsere Zustimmung, bevor wir überhaupt richtig nachgedacht haben. Solche Fallen haben ganz unterschiedliche Gestalt:

Erst nachdenken

- Scheinbare Hilflosigkeit: »Ohne dich schaffe ich es nicht!«
- Schmeichelei: »Du bist doch meine Beste!«
- Unentbehrlichkeit: »Was würde ich nur ohne dich tun?«

6. Lernen Sie von den Profis

Einige Leute beherrschen die Kunst des Neinsagens so perfekt, dass das Nein kaum zu bemerken ist. Tonfall, Körpersprache Formulierungen – alles stimmt. Beobachten Sie, wie andere Nein sagen, und lernen Sie daraus. Orientieren Sie sich an den Redewendungen und Verhaltensweisen derjenigen, die diese Kunst vollendet beherrschen, beispielsweise Fernsehmoderatoren und Politiker.

Beobachten und lernen

7. Erbitten Sie Bedenkzeit

Später reagieren

Lassen Sie sich die Möglichkeit offen, über die Anfrage nachzudenken, weitere Informationen einzuholen und später zu reagieren. Manche Bitte erledigt sich auf diese Weise von allein.

8. Sagen Sie Nein zur Sache, nicht zur Person

Sachlich bleiben

Trennen Sie klar zwischen Problem und Person. Ein persönlicher Angriff ist tödlich für die zwischenmenschliche Beziehung. Sagen Sie beispielsweise nicht: »Herr Meier, was Sie sich da ausgedacht haben, ist großer Quatsch.« Viel besser ist es, wenn Sie sachlich bleiben und sagen: »Herr Meier, ich bewundere Ihr Talent im Entwickeln neuer Vorschläge. Ihre Idee passt jedoch nicht zu der Strategie, auf die wir uns festgelegt haben.«

Gesundheit in Gefahr

Wenn es Ihnen nicht gelingt, Nein zu sagen, dann sind unter Umständen nicht nur Ihre Ziele bedroht, sondern auch Ihre Gesundheit. Wer es allen recht machen möchte, gerät in Dauerstress. Er steht in der Gefahr, auszubrennen (Burn-out-Syndrom), seine Leistungsfähigkeit zu verlieren und gar nichts mehr zu erreichen.

Sagen Sie Nein

Welche Aufgaben, Bitten oder Anfragen werden Sie künftig freundlich ablehnen, um mehr Kraft und Zeit für die Verwirklichung Ihrer eigenen Ziele zu haben?

1. ____________________

2. ____________________

3. ____________________

Schaffen Sie positive Zwänge

Begeisterung verfliegt rasch

Viele Menschen machen die Erfahrung, dass es absolut begeisternd ist, sich hohe Ziele zu stecken. Geht es dann aber darum, das gesteckte Ziel auch anzupacken, verfliegt der Eifer rasch:

- Der Romanautor Julius R. hat die Idee für einen erstklassigen Plot gehabt, der so genial war, dass der Autor vor lauter Hochstimmung immer wieder Gänsehaut bekam – und nun sitzt er verzweifelt vor dem leeren, ersten Blatt Papier.
- Der leicht übergewichtige Martin W. hat schon vor seinem geistigen Auge gesehen, wie die Fettpölsterchen schwinden und sich die Bauchmuskeln zu einem Sixpack formen – und doch bringt er es nicht fertig, mehr Sport zu treiben und gesünder zu leben.

Der Badewannen-Effekt

Das ist nicht ungewöhnlich. Der erste Schritt ist in der Regel bei jedem Vorhaben der schwierigste. Man spricht hier auch vom Badewannen-Effekt. Die Abbildung zeigt, welcher immense Aufwand notwendig ist, um »über den Rand der Badewanne zu klettern«. Mit anderen Worten: Energie muss sehr zielgerichtet eingesetzt werden, um das Projekt zu starten.

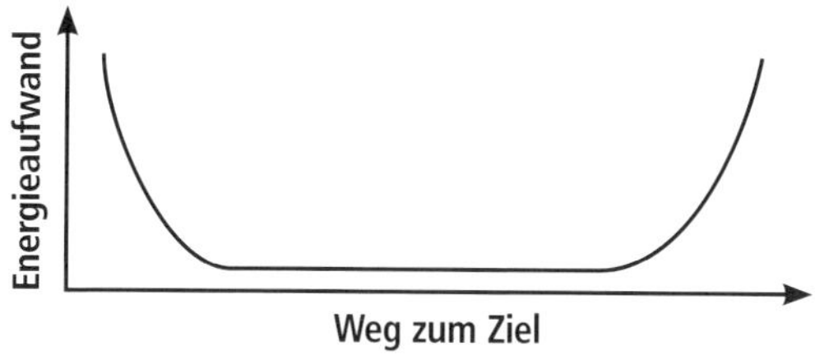

Ist die Aufgabe erst einmal begonnen, arbeitet der Badewannen-Effekt *für* Sie: Meist kommen Sie mit Ihrem Vorhaben eine ganze Weile gut voran. Gibt es ein Ende – wie die finale Überarbeitung eines Romans –, steigt der Energiebedarf dort wieder stark an.

Unterstützung suchen

Mit diesem Wissen im Hinterkopf können Sie nun für die kritischen Phasen Ihres Vorhabens gezielt Unterstützung suchen. Es geht darum, dass Sie sich positive Zwänge schaffen. Positiv sind die Zwänge deshalb, weil sie dazu dienen, Sie in die richtige Richtung zu drängen. Mit der zusätzlich gewonnenen Energie gelingt es Ihnen, »in die Badewanne einzusteigen«.

Zwei Beispiele

Wie könnten solche positiven Zwänge aussehen?

- Julius R. lädt einen guten Freund ein, dem er seinen Plot erzählt. An einigen Stelle steigt er tiefer in die Geschichte ein. Die Figurenkonzepte gewinnen an Farbe. Während des Gesprächs läuft ein Tonband mit, das der Autor später abtippt. Er streicht ganze Passagen und ersetzt sie durch bessere Entwürfe. Die Arbeit am neuen Roman läuft.
- Martin W. sucht die Unterstützung nicht bei Freunden, sondern in einer kleinen List: Er parkt sein Auto nicht mehr im Firmenhof, sondern zwanzig Minuten entfernt. Nun hat er morgens einen Fußmarsch und abends auch. Schon nach wenigen Tagen fühlt er sich fitter. Der Wunsch wächst, noch mehr für die Gesundheit zu tun.

Zwang am Ende des Vorhabens

Zwang, mit einem Projekt fertig zu werden, entsteht meist schon durch vereinbarte Termine. Soll der Roman von Julius R. beispielsweise zur Frankfurter Buchmesse erscheinen, dann muss das Manuskript zu einem bestimmten Termin im Verlag sein – sonst wird es nichts. Hat der Autor noch keinen Verlag, muss er sich den Zwang, mit dem Schreiben zum Ende zu kommen, wieder selbst schaffen. Beispielsweise könnte er eine Reihe literaturinteressierter Menschen zu einer öffentlichen Lesung einladen.

Setzen Sie sich ganz gezielt unter Druck

Welche positiven Zwänge können Sie mit Blick auf Ihre drei Probleme schaffen?

1. ______________________________

2. ______________________________

3. ______________________________

TIPP

Viele der im Schritt 6 beschriebenen Techniken und Ideen hat mir freundlicherweise Marcus Mockler zur Verfügung gestellt. Weitere Informationen und Hintergründe zum Thema Leidenschaft enthält seine lesenswerte Broschüre »Selbstmotivation – Wie Sie Lebensziele kraftvoll angehen können«. Sie können sie bei www.ziele.de bestellen.

Schritt 6
Gehen Sie mit Abweichungen richtig um

»Probleme sind gute Gelegenheiten zu zeigen, was man kann.«

Duke Ellington

Haben Sie in den vergangenen Jahren die Geschichte von Bertrand Piccard verfolgt? Der Schweizer Psychiater und Wissenschaftler hatte es sich zum Ziel gesetzt, einmal die Erde in einem Ballon zu umkreisen – ohne Zwischenlandung, ohne Motor, ohne Steuer, ganz einfach vom Wind getrieben.

Ziel erreicht – trotz vieler Abweichungen

Der erste Versuch startete nach drei Jahren Vorbereitungszeit am 12. Januar 1997 und musste aufgrund von Kerosinverlust vorzeitig beendet werden. Auch der zweite Versuch misslang, da der Ballon in Burma wegen eines chinesischen Überflugverbots aufsetzen musste. Erst der dritte Versuch brachte den gewünschten Erfolg. Am 1. März 1999 startete Piccard seinen Ballon zusammen mit dem Briten Brian Jones und landete nach 46 000 Kilometern Flug in Ägypten. In 19 Tagen, 21 Stunden und 47 Minuten schaffte er die erste Weltumkreisung in einem Ballon ohne Zwischenlandung.

Viele geben zu früh auf

Wie viele Menschen starten mit besten Zielen, um frühzeitig aufzugeben? Wie viele Chancen bleiben ungenutzt, weil die Ausdauer fehlt? Wie viel Leidenschaft verlischt über Nacht, da unvorhersehbare Widerstände auftreten? Wenn Sie mit Abweichungen konfrontiert sind, haben Sie zwei Möglichkeiten: Entweder Sie geben Ihr Ziel auf oder Sie halten durch und suchen nach Wegen, mit den Abweichungen richtig umzugehen.

Die Flussüberquerung

Dass es viele mögliche Wege gibt, wie Sie mit Abweichungen umgehen können, zeigt das folgende Beispiel. Angenommen, Sie wollen mit einem Ruderboot einen sehr, sehr breiten Fluss überqueren. Es ist frühmorgens, der Nebel liegt über dem Fluss, und das andere Ufer ist nicht zu sehen.

Das Ziel ist klar: Sie wollen mit Ihrem kleinen Ruderboot auf die andere Seite des großen und breiten Flusses.

Ein Hindernis taucht auf

Kaum vom Ufer abgelegt, erkennen Sie im Nebel ein scheinbar unüberwindbares Hindernis. Oder sind Sie gar schon am anderen Ufer? Nein, offensichtlich ist dies eine Insel mitten im Fluss. Was nun?

Links herum?

Sie können die Insel zum Beispiel nach links umschiffen. Dummerweise wissen Sie nicht, ob dies ein gangbarer Weg ist, geschweige denn, ob es der kürzeste Weg ist.

Oder besser rechts herum?

Sie können das Hindernis auch nach rechts umschiffen, aber Achtung: Sie lassen sich jetzt flussabwärts treiben, und ob Sie je wieder gegen die Strömung ankommen, ist ungewiss.

Möglicherweise ist es die einfachste Lösung, an Land zu gehen und die neu gefundene Insel in Besitz zu nehmen. Sie bauen sich eine Hütte und leben dort fortan fröhlich. Damit hätten Sie zwar Ihr ursprüngliches Ziel aufgegeben, aber möglicherweise etwas viel Kostbareres erreicht.

Das Ziel aufgeben?

Vielleicht wollen Sie aber die Insel auch nur überqueren und an der anderen Seite Ihr Boot wieder ins Wasser setzen. Das allerdings braucht ganz andere handwerkliche Fertigkeiten. Sind Sie in der Lage, Ihr Boot zu demontieren, es in Einzelteilen auf die andere Seite der Insel zu tragen und dann wieder zusammenzubauen?

Oder die Insel überqueren?

Bestimmte Umstände erfordern also eine Anpassung oder sogar eine grundlegende Änderung des Zieles.

Abweichungen erfolgreich managen

Ziele zu erreichen, bedeutet derartige Abweichungen erfolgreich zu managen, in dem Sie

- regelmäßig Ihre Ziele auf Abweichungen kontrollieren,
- sich durch Misserfolge nicht entmutigen lassen,
- Probleme als Chancen annehmen,
- sich Kraftquellen erschließen,
- mit Ängsten umgehen lernen,
- auf Stress richtig reagieren,
- konstruktive Gewohnheiten entwickeln,
- den inneren Schweinehund erfolgreich bekämpfen
- und sich coachen lassen.

Erkennen Sie Abweichungen

Den Kurs ständig im Blick behalten

Ein Schiff, das von Hamburg nach New York fährt, wird sein Ziel nur dann erreichen, wenn die Kompassnadel ständig im Blick ist. Die Nadel zeigt an, ob sich das Schiff noch auf Kurs befindet. Bläst beispielsweise der Wind kräftig von backbord, wirkt sich dies auf die Fahrtrichtung aus. Weicht die Nadel auch nur ein wenig von den Vorgaben ab, greift der Steuermann ein. Er steuert gegen und sorgt dafür, dass das Schiff weiter in die richtige Richtung fährt.

Es kommt immer wieder zu Abweichungen

So wie bei einer langen Schiffsreise kann es auch beim Erreichen Ihrer Ziele zu Abweichungen kommen. Manchmal bläst der Wind von hinten und sorgt dafür, dass Sie Ihr Ziel schneller erreichen. Ein anderes Mal kommt er von vorn, sodass Sie kaum noch vorankommen. Meistens aber kommt er von der Seite und drängt Sie von Ihrem Kurs ab.

Stürmische Winde – das sind Faktoren, die im Vorfeld nicht zu kalkulieren sind. Jeder, der plant, macht die Erfahrung, dass unvorhersehbare Situationen eintreffen. Deshalb müssen Sie die eigenen Ziele ständig im Blick behalten und das Vorankommen auf Ihrem Weg in regelmäßigen Abständen kontrollieren.

Beispiele aus dem Alltag

In vielen Bereichen Ihres Lebens ist dies selbstverständlich. So kontrollieren Sie

- morgens auf der Waage Ihr Gewicht,
- Ihr Aussehen durch den Blick in den Spiegel,
- ob das Wechselgeld stimmt, das Sie im Supermarkt erhalten haben,
- die Schularbeiten Ihrer Kinder.

Beispiel: Gewicht

Bleiben wir kurz beim Thema Gewicht, denn hier wird deutlich, warum sich eine regelmäßige Kontrolle auszahlt: Ernährungsberater gehen davon aus, dass der erwachsene Mensch in der westlichen Welt pro Jahr etwa um ein Kilo zunimmt – wenn er nicht auf seine Ernährung bzw. auf sein Gewicht achtet. Wenn er dann endlich merkt, dass ihm gewisse Kleidungsstücke nicht mehr passen, kostet es viel Kraft, das Gewicht zu korrigieren.

Der Nutzen regelmäßiger Kontrolle

Die *regelmäßige* Kontrolle ist die Grundlage dafür, dass das Gewicht gehalten wird. Stellen Sie sich regelmäßig auf die Waage, können Sie Abweichungen frühzeitig erkennen, und was Sie früh genug erkennen, können Sie ohne großen Aufwand korrigieren. Zeigt Ihr Blick auf die Waage, dass Sie ein Kilo zugenommen haben, führt dies vermutlich dazu, dass Sie in den nächsten Tagen weniger essen, um wieder auf das gewünschte Gewicht zu kommen. Das kostet Sie nicht viel Mühe. Viel aufwendiger ist eine Diät oder ein intensives Sportprogramm, um viele Kilo abzunehmen.

Nur durch regelmäßiges Überprüfen merken Sie, ob Sie Ihren Zielen näher kommen oder nicht. Eine Überprüfung hilft, das Ziel im Auge zu behalten. Wer überprüft, erkennt, dass er sich unter Umständen in eine falsche Richtung bewegt. Er kann damit verhindern, dass wertvolle Zeit vergeudet wird.

Überprüfen stoppt Vergeudung

Wir bekommen nicht, was wir erwarten,
sondern was wir überprüfen.

Eine Überprüfung
- zeigt Ihnen, wo Sie auf dem Weg zum Ziel stehen
- und hilft zu klären, was der nächste Schritt auf dem Weg zum Ziel ist.

TIPP

Planen Sie regelmäßige Zeiten zum Kontrollieren Ihrer Ziele ein. Prüfen Sie beispielsweise während der Dreamdays, ob Sie sich mit dem eingeschlagenen Weg vom eigentlichen Ziel entfernen!

Überprüfen Sie Ihre Ziele

Suchen Sie ein Ziel heraus, das Sie in der Vergangenheit bereits angestrebt, aber noch nicht erreicht haben.

Ihr Ziel:

____

Ist das Ziel messbar? ☐ ja ☐ nein

Ist das Ziel für Sie machbar? ☐ ja ☐ nein

Beschreiben Sie das aktuelle Zwischenergebnis!

____

____

Markieren Sie, wie weit Sie in etwa vorangekommen sind:

☐	☐	☐	☐	☐	☐	☐	☐	☐	☐	
10	20	30	40	50	60	70	80	90	100	Prozent

Was haben Sie getan, um Ihrem Ziel näher zu kommen?

____

Warum hat sich der Erfolg nicht eingestellt?

____

Haben Sie Ihre Stärken voll eingesetzt? Wenn nein, warum nicht?

____

Welche Ihrer Schwächen haben Sie unterschätzt?

____

Was werden Sie in Zukunft tun, um das Ziel zu erreichen?

____

____

____

Wer könnte Ihnen einen guten Rat geben?

____

Wer könnte Sie bei der Verwirklichung aktiv unterstützen?

____

Beispiel: Beförderung

Angenommen, Sie haben sich während des vergangenen Dreamdays dazu entschieden, eine Beförderung im Unternehmen anzustreben. Ein Jahr später zeigt sich bei Ihrer Jahresplanung: In Sachen Beförderung hat sich absolut noch nichts bewegt. Grund zur Aufregung und Verzweiflung? Nein. Denn mit Zielen arbeiten bedeutet das Managen von Abweichungen. Sie müssen jetzt mit der Abweichung richtig umgehen. Das Blatt könnten Sie beispielsweise so ausfüllen:

Beispiel: Überprüfung eines Ziels

Beispiel: Überprüfung des Ziels »Beförderung«

Ihr Ziel:

Zum Abteilungsleiter aufsteigen

Ist das Ziel messbar? ☒ ja ☐ nein

Ist das Ziel für Sie machbar? ☒ ja ☐ nein

Beschreiben Sie das aktuelle Zwischenergebnis!

Mein Anliegen wurde abgelehnt.

Markieren Sie, wie weit Sie in etwa vorangekommen sind:

10	20	30	40	50	60	70	80	90	100	Prozent

Was haben Sie getan, um Ihrem Ziel näher zu kommen?

Mit der Personalentwicklung mein Vorhaben beraten

Warum hat sich der Erfolg nicht eingestellt?

Lücken im Fachwissen zu groß; Unternehmen ist zu klein, es werden kaum Stellen frei.

Haben Sie Ihre Stärken voll eingesetzt? Wenn nein, warum nicht?

Eigentlich bin ich kein »Karrieretyp«. Konkurrenten verdrängen fällt mir schwer, und ich will es auch nicht.

Welche Ihrer Schwächen haben Sie unterschätzt?

Oft bin ich faul und träge.

Was werden Sie in Zukunft tun, um das Ziel zu erreichen (Konzentration auf Stärken)?

Lernen fällt mir leicht. Die Lücken im Fachwissen zu schließen, sollte in einem Jahr leistbar sein. Ich werde ein einjähriges Fernstudium belegen. Nach dem Abschluss in einem Jahr werde ich mich intensiv um eine bessere Stelle außerhalb des Unternehmens bemühen.

Wer könnte Ihnen einen guten Rat geben?

Mein Freund Thomas, der vor zwei Jahren Abteilungsleiter wurde.

Wer könnte Sie bei der Verwirklichung aktiv unterstützen?

Meine Frau, die mir in der Zeit des Fernstudiums den Rücken freihält.

Lassen Sie sich durch Misserfolge nicht entmutigen

Hohe Ziele, große Widrigkeiten

Enttäuschungen sind ein unvermeidbarer Bestandteil unseres Lebens. Je ehrgeiziger und höher unsere Ziele sind, desto mehr Enttäuschungen und Widrigkeiten werden uns begegnen. Eigentlich ist es paradox: Wir können uns tatsächlich nur in dem Maß entwickeln und unser volles Potenzial entfalten, wie wir uns Widrigkeiten stellen und daraus lernen.

Ein junger Mann kam zu einem weisen und erfolgreichen Geschäftsmann und fragte ihn: »Wie werde ich erfolgreich?« – »Sie müssen die richtigen Entscheidungen treffen!«, antwortete der Geschäftsmann. »Ja, aber wie trifft man richtige Entscheidungen?« – »Aufgrund von Erfahrung!« Noch einmal nahm der junge Mann allen Mut zusammen und fragte: »Aber ich bin unerfahren. Wie sammle ich die Erfahrungen, die ich brauche, um erfolgreich sein zu können?« – »Durch falsche Entscheidungen!«

Niederlagen nutzen

Was bedeutet diese Geschichte? Während Sie in der Vergangenheit viel Zeit darauf verwandt haben, Rückschläge und Niederlagen zu vermeiden, sollten Sie in Zukunft Niederlagen und Rückschläge als das betrachten, was sie sind: Chancen, sich weiterzuentwickeln! Nur so können Sie Gipfel erstürmen und große Ziele erreichen.

Es gibt viele Beispiele von Menschen, die sich von Misserfolgen nicht irritieren ließen und ihre Ziele letztlich verwirklichten:

Astrid Lindgren

- *Astrid Lindgren* hatte zunächst große Schwierigkeiten, das »Pippi Langstrumpf«-Manuskript bei einem Verlag unterzubringen. Nach Meinung der Kritiker war ihre Fantasie geisteskrank und der Einfluss der »Pippi-Figur« auf Kinder schädlich. Auch mehrere deutsche Verlage lehnten das Manuskript ab. Erst der damalige Kleinverleger Friedrich Oetinger veröffentlichte »Pippi Langstrumpf« in deutscher Übersetzung – und verkaufte bis heute rund sechs Millionen Exemplare der Pippi-Bücher.

Thomas Alva Edison

- *Thomas Alva Edison* benötigte unzählige Versuche, bis es ihm gelang, das erste brauchbare elektrische Beleuchtungssystem zu entwickeln. Der Amerikaner forschte zunächst nach geeigneten Metallen, die er als Leuchtfäden verwenden wollte. Es war ihm zu dieser Zeit aber noch nicht möglich, eine Glühbirne mit Metallfäden zu erzeugen. Nach vielen fehlgeschlagenen Experimenten wandte sich Edison dem Kohlenstoff zu. Verkohltes Papier, Holz, Gräser, ja sogar Menschenhaare setzte er in seinen Versuchen ein. Nach jedem der vielen missglückten Versuche soll er gesagt haben: »Gut, ich habe wieder eine Methode gefunden, wie es *nicht* funktioniert.« Im Oktober 1879 gelang es ihm schließlich, durch Verwendung von Kohlefäden und durch die Einführung einer Schraubfassung die Voraussetzungen für den wirtschaftlichen Erfolg der Glühlampe zu schaffen. Im Mai 1880 wurden diese Lampen erstmals der Öffentlichkeit vorgestellt und als Sensation aufgenommen.

Winston Churchill

- *Winston Churchill* fasste in einer der letzten Reden vor seinem Tod sein Leben so zusammen: »Geben Sie nie, nie, niemals auf!« Er war erst im Alter von 62 Jahren, nach einem Leben mit vielen Niederlagen und Rückschlägen, Premierminister geworden. Seine größten Leistungen erbrachte er, als er bereits zu den »Senioren« zählte.

Joanne K. Rowling und Nelson Mandela

Die Liste ließe sich beliebig fortsetzen. Schauen Sie einmal die Lebensgeschichte von *Joanne K. Rowling* an, die durch ihre Harry-Potter-Romane von einer allein erziehenden Sozialhilfeempfängerin zu einem Weltstar wurde – heute ist sie angeblich wohlhabender als die Königin von England. Oder blicken Sie auf *Nelson Mandela,* der 28 Jahre inhaftiert war, bevor seine Vision von der Überwindung der Apartheid Gestalt annahm und er 1994 zum ersten schwarzen Präsidenten der Republik Südafrika gewählt wurde.

Erfolg kommt einen Schritt nach dem Misserfolg.

Was wäre passiert, wenn Astrid Lindgren daran geglaubt hätte, dass ihr Einfluss auf Kinder schädlich sei? Oder wenn Nelson Mandela im 27. Jahr seiner Gefangenschaft aufgegeben hätte?

Viele geben kurz vor dem Erfolg auf

Menschen wie diese sind uns große Vorbilder. Doch das Verhalten, das üblicherweise zu beobachten ist, beschreibt der Milliardär Ross Perot – Gründer und langjähriger Vorstandsvorsitzender der Electronic Data Systems Corporation – treffend: »Die meisten Menschen geben auf, wenn sie kurz vor dem Erfolg stehen. Sie kneifen kurz vor der Ziellinie. Sie werfen das Handtuch, wenn der Sieg zum Greifen nah ist.«

Probleme stellen Sie auf die Probe

Aus den Beispielen können Sie deshalb eines lernen: Probleme sind da, um Ihre Entschlossenheit und die Echtheit Ihres Zieles auf die Probe zu stellen. Verändern Sie Ihr Denken und trainieren Sie einen Lebensstil, der Niederlagen nicht mit aller Macht zu vermeiden sucht, sondern als Chance betrachtet! Beschließen Sie, unter keinen Umständen aufzugeben.

Vier Ratschläge

Die folgenden vier Ratschläge können Ihnen dabei helfen:

1. Gehen Sie jede Lebenslage bewusst lösungsorientiert und handlungsorientiert an. Denken Sie immer an die Dinge, die Sie unternehmen können, um Ihre Probleme zu lösen und Ihre Ziele zu erreichen.
2. Korrigieren Sie mit Ihrem Denken auch Ihren Wortschatz. Sprechen Sie von Herausforderungen und Chancen anstatt von Problemen!
3. Ermitteln Sie das größte Hindernis, das Ihnen auf dem Weg zu Ihrem wichtigsten Ziel entgegensteht. Gehen Sie dieses Hindernis gut vorbereitet und gezielt an bzw. finden Sie Wege, um diesem Hindernis auszuweichen.
4. Schieben Sie Niederlagen nicht einfach auf die Seite! Auch Rückschläge wollen aufgearbeitet sein. Lassen Sie Ihre Wut zu! Seien Sie traurig – und dann beerdigen Sie Ihre Niederlagen feierlich. Wenn Sie Verluste nicht bewusst betrauern, besteht die Gefahr, dass Sie durch diese Erfahrung ständig blockiert sind und in Ihrem Fortkommen behindert werden.

Beerdigen Sie Niederlagen

Wo gibt es Niederlagen, die Sie in Ihrem Denken behindern? Welche Erfahrungen blockieren Sie beim Umsetzen Ihrer Ziele? Welche Fehlschläge sollten Sie sich eingestehen, um sie dann ordentlich zu beerdigen?

____

____

____

____

Nehmen Sie Probleme als Chancen an

Krisen bergen Chancen in sich

Krisen sind nicht nur Rückschläge, die es zu überstehen gilt, sie bergen sogar unerwartete Chancen in sich! Wer dies weiß, gewinnt ein merkwürdig entspanntes Verhältnis zu Krisen und Problemen. Besonders aufschlussreich ist ein Blick auf die chinesische Sprache, wo es kein eigenes Zeichen für »Krise« gibt. Das Wort »Krise« ist zusammengesetzt aus »Problem« und »Chance«.

危机

Das chinesische Zeichen für Krise
Wei Ji

危

Das chinesische Zeichen
für Problem
Wei

机

Das chinesische Zeichen
für Chance
Ji

Beispiel: Geburt

Dass in kritischen Situationen Probleme und Chancen ein enges Verhältnis eingehen, wird im Alltag an vielen Stellen erkennbar. So ist jede Geburt eine Krise. Für die Mutter bedeutet sie eine große körperliche Herausforderung. Es geht nicht ohne Schmerzen. Das Kind erleidet ungeheuren Stress, und auch der werdende Vater sieht sich zumindest psychisch herausgefordert. Doch kommt das Kind gesund zur Welt, macht das neue Leben alle Probleme der Vergangenheit vergessen – und schon wenige Monate nach der Geburt beginnt häufig der Wunsch nach weiteren Kindern zu wachsen.

Beispiel: Auszug von zu Hause

Erinnern Sie sich an den Tag, an dem Sie zu Hause ausgezogen sind? Vielleicht haben Sie zum ersten Mal eine auswärtige Schule besucht, oder Sie sind in eine andere Stadt für die Ausbildung gezogen. Plötzlich war da niemand mehr, der einem Geborgenheit schenkt, die Einkäufe besorgt, die Wäsche wäscht, das Hemd bügelt, das Mittagessen kocht usw. Doch gleichzeitig hatten Sie eine neue Selbstständigkeit gewonnen und einen neuen Bekanntenkreis erschlossen.

Beispiel: Porsche

Und noch ein Beispiel: Firmen, die geehrt werden und Preise erhalten, sind immer Unternehmen, die durch Krisen gegangen sind. Denken Sie an den Automobilhersteller Porsche. Nachdem es über Jahrzehnte mit dem Unternehmen nur bergauf gegangen war, stand die Firma Anfang der neunziger Jahre kurz vor dem Zusammenbruch. Veraltetes Design, der schwache Dollarkurs und zu hohe Produktionskosten hatten das Unternehmen an den Abgrund gebracht. Doch heute zählt Porsche wieder zu den weltweit führenden Herstellern von Luxusautos. Die Krise zwang das Unternehmen, seine Produktstrategie und die Öffentlichkeitsarbeit zu überarbeiten sowie die Firmenstruktur zu reformieren. Porsche nutzte die Chance der Krise, sodass das Unternehmen heute deutliche Gewinne verzeichnet.

Zwei Seiten einer Krise

Eine Krise hat also immer zwei Seiten:

1. Zuerst verliert man etwas.
2. Dann gewinnt man etwas.

Wenn man zurückblickt, ist das, was man gewonnen hat, meist größer als das, was man verloren hat. Sie sollten auf das schauen, was Ihnen geblieben und nicht auf das, was verloren ist!

Zur Chance finden

Machen Sie sich klar:

- Krisen sind keine Katastrophen. Sie bringen immer eine entscheidende Wende.
- Krisen sind Herausforderungen an uns. Sie haben direkt mit der Entwicklung unserer Persönlichkeit zu tun. Eine Krise, die angenommen und gestaltet wird, ist immer eine Chance für unsere Entwicklung.
- Wer notwendige Krisen leugnet und meidet, verbaut sich den Weg zu wichtigen Entwicklungsschritten. Denn Krisen machen uns auf mögliche Unter- und Fehlentwicklungen aufmerksam.
- Krisen setzen schöpferische Kräfte in uns frei, denn Not macht, wie der Volksmund sagt, erfinderisch!

Unser Leben besteht zu zehn Prozent aus dem, was mit uns geschieht und zu neunzig Prozent aus dem, wie wir auf das Geschehene reagieren.

Entscheiden Sie sich, Krisen offensiv anzugehen und als Chancen zu nutzen.

Die Einstellung des Siegers

Vielleicht denken Sie bei Ihrer nächsten Krise an Boris Becker, der einmal sagte: »Ich habe aus meinen Rückschlägen oft mehr gelernt als aus meinen Erfolgen.« Mit einer anderen Einstellung wäre der Tennisprofi nie an die internationale Spitze aufgerückt.

Erkennen Sie die Chance in der Krise

Denken Sie an eine Krise, die Sie bisher immer durch Ihre Problem-Brille betrachtet haben. Wechseln Sie nun einmal die Sichtweise und betrachten Sie die Krise durch die Chancen-Brille. Welche positiven Aspekte treten zutage?

Erschließen Sie sich Kraftquellen

Zwei Kraftquellen

Wer erfolgreich mit Abweichungen umgehen will, braucht Kraftquellen. Neben der Klarheit in den Zielen gibt es zwei weitere Kraftquellen, die Sie sich erschließen sollten:

1. persönliche Beziehungen
2. und Ermutigungsstrategien.

Quelle Nr. 1: Persönliche Beziehungen
Suchen Sie sich Freunde, die positiv denken! Umgeben Sie sich mit Menschen, mit denen Sie Abweichungen und Krisenerlebnisse beraten können. Treffen Sie sich mit Gleichgesinnten, die ähnlich wie Sie ihr Leben optimal gestalten wollen. In diesen Begegnungen reifen neue Überzeugungen, es entstehen sinnvolle Vorsätze, und es werden Freundschaften geknüpft.

TIPP Solche Menschen lernen Sie zum Beispiel während der Dreamday-Seminare kennen, die www.ziele.de veranstaltet.

Beraten Sie Ihre Abweichungen und Krisen mit anderen Menschen
Erstellen Sie eine Liste von zwei bis drei Menschen aus Ihrem Umfeld, die positiv denken und lösungsorientiert sind.

1. ______________________________

2. ______________________________

3. ______________________________

Was können Sie tun, um die Beziehungen zu diesen Menschen zu stärken?

____

____

____

____

Quelle Nr. 2: Ermutigungsstrategien

Entwickeln Sie Ermutigungsstrategien. Solche Strategien können ganz unterschiedlich sein. Einige Beispiele:

Passende Hörbücher

- Nutzen Sie vor allem Fahrzeiten, um Hörbücher mit lebensbejahenden, positiven Inhalten zu hören. Sie finden derartige Hörbücher auch im Internet, zum Beispiel unter www.rusch.ch und www.audible.de.

»Ordner für regnerische Tage«

- Legen Sie einen »Ordner für regnerische Tage« an. In ihm heften Sie ermutigende Beurteilungen, Zeugnisse und Urkunden ab. Sammeln Sie auch alles, was Ihren Willen zum Durchhalten belegt. Machen Sie eine Liste von Gelegenheiten, in denen Ihr Wille zum Durchhalten letztlich doch zum Erfolg führte! Und wenn gar nichts mehr geht, nehmen Sie diesen Ordner zur Hand und tanken Kraft. Es kann Ihnen aus dem emotionalen Loch helfen, wenn Sie sich vor Augen führen, was Ihnen schon alles im Leben gelungen ist.

Stellen Sie sich Ihren Ängsten

Die gute Seite der Angst

Abweichungen können Angst verursachen. Wenn Sie sich bewusst mit dem Thema Angst auseinander setzen, werden Sie zunächst entdecken, dass Angst eine sinnvolle Funktion hat: Unbekanntes, Neues, Übergroßes und eben auch Abweichungen lösen im Menschen Angst als eine natürliche Warnreaktion aus. Angst soll uns schützen und helfen, Gefahren rechtzeitig zu erkennen. Das ist die gute Seite der Angst.

Die schlechte Seite der Angst

Jeder von uns kennt aber auch Situationen, in denen er regelrecht durch seine Ängste behindert wird, zum Beispiel:

- Prüfungssituationen, in denen Fragen gestellt werden, die man ohne den Druck ganz schnell beantwortet hätte.
- Verunsichertes, ja fast hysterisches Verhalten in unüblichen Situationen, zum Beispiel bei Dunkelheit.

Doch oft ist das Angstgefühl im Vergleich zu der auslösenden Situation unangemessen hoch. In diesen Situationen ist es wichtig, sich der Angst zu stellen und ihr die Realität entgegenzusetzen. Der amerikanische Präsident Franklin D. Roosevelt formulierte es einmal so: »Das Einzige, das wir fürchten müssen, ist die Furcht.«

Vage Fragen tauchen auf

Meist beschäftigen wir uns mit der Angst so intensiv, dass wir uns nicht mehr konzentrieren können und uns ausmalen, was alles Schlimmes passieren könnte. Sie kennen sicherlich die vagen Fragen, die plötzlich aus dem Unterbewusstsein auftauchen:

- Ist das überhaupt zu schaffen?
- Was passiert, wenn ich das nicht schaffe?

Fragen präzisieren, Antworten finden

Solche Fragen und Gedanken lassen Sie nicht mehr los, bis Sie die Fragen geklärt und die Angst beim Namen genannt haben. Daher sollten Sie zunächst bestimmen, wie die Frage genau lautet, die plötzlich aus Ihrem Unterbewusstsein aufgetaucht ist. Vage Fragen lassen sich nicht beantworten. Nehmen Sie sich Zeit, diese Fragen zu präzisieren, und stellen Sie sich Ihren Ängsten. Wenn Sie das Problem durchdenken und die Schritte deutlich werden, die Sie einer Lösung näher bringen, nimmt in der Regel auch die Angst ab.

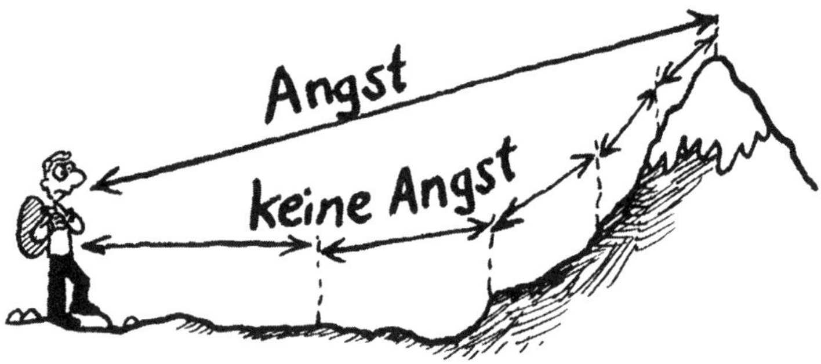

Setzen Sie sich mit Ihren Ängsten auseinander

Stellen Sie sich eine Situation vor, die Ihnen in den vergangenen Tagen Angst bereitet hat und beantworten Sie die folgenden Fragen:

Was könnte passieren?

___

Wie realistisch ist es, dass diese Situation eintrifft?

___

Was können Sie tun, um das Eintreten zu verhindern?

____

Wo gab es in Ihrem Leben früher schon einmal ähnliche Situationen, die Sie erfolgreich gemeistert haben?

____

Wo gab es ähnliche Situationen, in denen Sie gescheitert sind?

____

Woran lag dies?

____

Wie würde Ihr Leben verlaufen, wenn Sie frei vom Angstgefühl wären?

____

Gibt es Gründe, an der Angst festzuhalten? □ ja □ nein

Reagieren Sie richtig auf Stress

Alltagsphänomen Stress

Stress ist schon lange kein Phänomen mehr, das nur in den krisengeschüttelten Chefetagen großer Unternehmen oder unter Freiberuflern zum täglichen Brot gehört. Stress gehört heute zum Alltag vieler Menschen, da wir in einer schnelllebigen und leistungsorientierten Gesellschaft leben, in der alles ständig besser, höher und weiter werden muss.

Stress ist ein Gesundheitsproblem

Wenn die Abweichungen und der Druck bei der Arbeit *zu* groß werden, sind Nervosität, Ermüdung, Angst und Depressionen längerfristig programmiert. Stress ist inzwischen das zweitgrößte berufsbedingte Gesundheitsproblem nach Rückenschmerzen. Nach Schätzungen der Europäischen Agentur für Sicherheit und Gesundheitsschutz am Arbeitsplatz zufolge sind 40 Millionen Menschen in der Europäischen Union betroffen. Arbeitsmediziner gehen davon aus, dass durch ein weniger von Stress geprägtes Arbeitsfeld pro Jahr etwa 10 000 Herzinfarkte vermieden werden könnten. Fehlzeiten und Krankheit, die mit Stress in Verbindung gebracht werden, kosten der Europäischen Union nach eigenen Angaben jedes Jahr mindestens zehn Milliarden Euro.

Es ist möglich, Abweichungen stressfrei zu managen!

Stressreaktionen beobachten und verändern

Die folgenden zwölf Tipps sollen Ihnen helfen, angemessen auf Stress zu reagieren. Denn Stress wird nicht von Ereignissen verursacht, sondern von unserer Reaktion darauf. Wer weniger gestresst leben möchte, sollte daher nicht über die hohen Anforderungen klagen, sondern eher die eigenen Stressreaktionen beobachten und gegebenenfalls verändern.

1. Machen Sie Schluss mit dem Aufschieben

Stressfaktor Nr. 1 ist aufgeschobene Arbeit. Mahnende Papierstapel und aufgeschobene Pflichten im Hinterkopf sind die großen Energiefresser, die uns belasten. Bedenken Sie einmal, was Sie alles erreichen könnten, wenn Sie Ihre Arbeit nicht mehr aufschieben würden!

2. Bauen Sie durch Nein sagen Termindruck ab

Nein sagen

Ein altes Sprichwort besagt: »Wer nicht Nein sagen kann, wird sein Ja oft nicht halten können.« Lernen Sie daher, Nein zu sagen! Konkrete Ratschläge zum Thema »Nein sagen« finden Sie im Schritt 5.

3. Treiben Sie regelmäßig Sport

Lassen Sie Dampf beim Sport ab! Bei Stress hilft nichts besser als Sport und Bewegung. Sie werden sehr schnell erleben, dass Ihnen die investierte Zeit bei Ihrer Arbeit zugute kommt. Sie sind kreativer, ausgeglichener, leistungsfähiger. Vor allem Ausdauersportarten wie Schwimmen, Radfahren und Laufen eignen sich als Ausgleich für den Körper.

4. Machen Sie Pausen

Pausen machen

Wenn Sie vor lauter Bäumen den Wald nicht mehr sehen, dann ist es besonders wichtig, regelmäßig Pausen zu machen. Gehen Sie ein paar Schritte an der frischen Luft und atmen Sie tief ein!

5. Lösen Sie Konflikt sofort

Konflikte gleich lösen

Gehen Sie bei Ärger, Gehässigkeiten und Unstimmigkeiten offen auf Ihre Mitmenschen zu und sagen Sie, was Sie stört! Unterschwellige Konflikte rauben Ihnen nur Energie, die Sie anderswo sinnvoller einsetzen könnten.

6. Ändern Sie die Blickrichtung

Wenn sich die Dinge zu überschlagen drohen, schalten Sie einen Moment ab und denken Sie zum Beispiel an einen ruhigen Strand mit Palmen und das leise Rauschen des Meeres. Verweilen Sie einige Sekunden in dieser Idylle und kommen Sie dann in das Hier und Jetzt zurück. Betrachten Sie die Situation wie ein Außenstehender. Der Stress schwindet und Sie haben die Situation wieder im Griff.

7. Denken Sie an das Ziel

Den Sinn bewusst machen

Stress kommt vor allem dann auf, wenn es uns zu viel wird und wir das Gefühl bekommen: »Ich kann nicht mehr.« Sollten Sie sich in einer ähnlichen Situation befinden, dann machen Sie sich die Ursache klar! Warum tun Sie gerade das, was Sie gerade tun? Der Sinn hinter dem Stress gibt wieder Kraft, Ruhe und Zuversicht.

8. Machen Sie Atemübungen

Atmen Sie tief ein und zwar bewusst in den Bauch! Falls Sie sich unsicher sind, dann legen Sie doch einfach beim Einatmen die Hand auf den Bauch, um das Ergebnis zu spüren. Halten Sie die Luft kurz an – und atmen Sie dann aus! Wiederholen Sie diese Übung dreimal und die innere Ruhe wird sich wieder einstellen.

9. Schaffen Sie sich stressfreie Inseln

Entspannung finden

Reservieren Sie sich Zeiten zum Abschalten und Regenerieren. Es ist eigentlich egal, wie Sie diese Entspannung erreichen, Hauptsache Sie entspannen sich. Achten Sie auf genügend Schlaf.

10. Haben Sie immer Ihr Zeitplanbuch oder Ihren PDA dabei

Notieren Sie sich alles, was erledigt werden muss oder nicht vergessen werden darf, und streichen Sie, was erledigt ist.

11. Dehnen Sie die Arbeiten nicht unnötig aus.

Endpunkte setzen

Die meisten Arbeiten sind unendlich dehnbar. Setzen Sie sich deshalb bei der Wochen- und Tagesplanung einen Zeitpunkt für die Fertigstellung und arbeiten Sie konsequent darauf zu.

12. Nehmen Sie jedes Blatt Papier nur einmal in die Hand

Effizient arbeiten

Idealerweise entwickeln Sie im Umgang mit Papieren folgende Gewohnheiten: Alles, was Sie innerhalb von drei Minuten erledigen können, tun Sie sofort. Für alles andere legen Sie gleich einen Termin fest und heften das Papier an einer passenden Stelle ab. Lassen Sie es nicht auf dem Schreibtisch liegen, das lenkt Sie nur ab und erzeugt Stress. Außerdem gilt: Am besten arbeiten Sie mit einem kleinen Schreibtisch und einem großen Papierkorb.

Entwickeln Sie konstruktive Gewohnheiten

Gewohnheiten haben eine immense Macht. Nicht umsonst heißt es: »Motivation ist das, was einen in Gang bringt, Gewohnheiten sind das, was einen in Gang hält.«

Konstruktive Gewohnheiten entwickeln

Sie sind Ihren Gewohnheiten nicht hilflos ausgeliefert, sondern können aktiv entscheiden, welche Gewohnheiten Sie in Bewegung halten! Wenn Sie es schaffen, konstruktive Gewohnheiten zu entwickeln, sind Sie ganz klar im Vorteil.

Ein Missionar erzählte einmal folgende Begebenheit. In einem Gespräch mit einem Indianer verglich dieser den Kampf zwischen konstruktiven und destruktiven Gewohnheiten mit zwei Hunden. »Ein böser Hund und ein guter Hund kämpfen in mir«, sagte er. »Was meinst du, wer wird gewinnen?«, fragte der Missionar. »Es gewinnt natürlich der Hund, den ich am meisten füttere.«

Neue Gewohnheiten brauchen Zeit

Konstruktive Gewohnheiten müssen gefüttert werden. Sie zu entwickeln, dauert in der Regel Wochen und Monate, denn dummerweise kann man bei Menschen keinen Schalter umlegen, um eine neue Gewohnheit zu aktivieren. Wissenschaftler sagen, dass etwas 21 Mal getan werden muss, bis eine neue Gewohnheit etabliert ist.

Gesagt ist noch nicht gehört.
Gehört ist noch nicht verstanden.
Verstanden ist noch nicht einverstanden.
Einverstanden ist noch nicht getan.
Einmal getan ist nicht mehrfach getan.
Mehrfach getan ist noch keine Gewohnheit.

Die destruktiven Gewohnheiten stellen sich dagegen meist von selbst ein. Der englische Sprachforscher, Lehrer, Journalist und Literaturkritiker Samuel Johnson äußerte einmal die Bemerkung: »Die Fesseln der Gewohnheiten sind meist so fein, dass man sie gar nicht spürt. Doch wenn man sie spürt, sind sie schon so stark, dass sie sich nicht mehr zerreißen lassen.« Damit Sie von Ihren Gewohnheiten nicht gefesselt werden, ist es eine lohnende Sache, sich über die eigenen Automatismen möglichst frühzeitig und regelmäßig Gedanken zu machen.

Destruktive Gewohnheiten kommen von allein

Untersuchen Sie, mit welchen destruktiven Gewohnheiten Ihre Zielabweichung zu tun hat. Entscheiden Sie, welche konstruktiven Gewohnheiten Sie entwickeln wollen, um künftig das Erreichen Ihrer Ziele nicht zu gefährden, sondern zu fördern.

Es kann sein, dass Sie dabei mehrere Lebensbereiche in den Blick nehmen müssen. Vielleicht haben Sie beispielsweise die Gewohnheit, Ihre Arbeit zu unterbrechen, wenn Sie an Punkte kommen, die Ihnen schwierig erscheinen. Es mag sein, dass Ihnen die Konzentration fehlt, um aufmerksam an der Sache weiterzuarbeiten.

Mehrere Lebensbereiche betrachten

In diesem Fall sollten Sie prüfen, ob Sie regelmäßig genug schlafen und zu Ihrer geistigen Arbeit einen angemessenen körperlichen Ausgleich haben. Ist dies nicht der Fall, sollten Sie die Gewohnheit entwickeln, regelmäßig zu Bett zu gehen und ebenso regelmäßig eine körperliche Anstrengung zu finden, die Ihnen Freude macht. Erst wenn Sie die Voraussetzungen für ein aufmerksames und konzentriertes Arbeiten geschaffen haben, können Sie versuchen, die Gewohnheit zu entwickeln, eine angefangene Sache stets ohne eigene Unterbrechung bis zum Ende zu führen.

Voraussetzungen schaffen

Achten Sie darauf, dass Sie für jeden Ihrer Lebensbereiche jeweils mindestens eine konstruktive Gewohnheit pflegen. Profitieren Sie von der positiven Kraft dieser Gewohnheit und entmachten Sie dadurch schlechte und zerstörerische Gewohnheiten, die Ihnen Ihre Lebensqualität rauben!

Eine konstruktive Gewohnheit pro Lebensbereich

Es ist Ihr Leben, gestalten Sie es!

Erarbeiten Sie Ihren Trainingsplan für konstruktive Gewohnheiten

Legen Sie fest, welche neuen guten Gewohnheiten Sie in den verschiedenen Bereichen Ihres Leben verankern wollen!

	Gewohnheit	Rhythmus
Familie		
Beruf		
Gesundheit		
Finanzen		
Freunde		
Geist		
Gesellschaft		
Persönlichkeit		
Glaube		
....		
....		
....		

Ziehen Sie dem inneren Schweinehund die Zähne

Kampf mit sich selbst

In jedem Menschen gibt es einen Konflikt zwischen dem »Ich muss« und dem »Ich will nicht«. Wer Ziele erreichen will, muss diesen Kampf mit sich selbst gewinnen. Im Visier ist der innere Schweinehund. Er will uns zurückhalten. Überall dort, wo diese Auseinandersetzung verloren wird, entstehen Abweichungen.

Ganz praktisch sieht es so aus: Bei schwierigen oder unangenehmen Aufgaben versuchen wir auszubüchsen. Wir wechseln auf Handlungen, die uns nicht weiterbringen. Nur einfach »nichts« tun, würde unser Gewissen belasten. Also flüchten wir uns in Ersatzhandlungen. Wir wenden uns dem Unwesentlichen zu und schieben die eigentliche Aufgabe auf. Da ist zum Beispiel ein wichtiger Brief zu schreiben oder ein unangenehmes Telefonat zu führen. Es gibt immer neue Vorwände, warum man für diese eine Sache keine Zeit hat.

Flucht in Ersatzhandlungen

Werden solche unangenehmen Aufgaben nicht angegangen, fangen sie an, sich zu häufen. Irgendwann einmal entsteht ein Berg und der Rückstand ist so groß, dass wir nicht mehr aufholen können. Dann brechen viele ab. Dies ist auch ein Grund dafür, warum so viele Menschen ihr Studium nicht beenden, ihre Ehe abbrechen, ihren Arbeitsplatz wechseln und so weiter.

Großer Rückstand kann zu Abbruch führen

Der amerikanische Managementvordenker Peter Drucker brachte dieses Phänomen folgendermaßen auf den Punkt: »Das Problem in meinem und im Leben anderer Menschen ist nicht, dass wir nicht wissen, was wir tun sollen, sondern dass wir es nicht tun.«

Wenn Sie die folgenden elf Regeln in Ihrem Leben einüben und anwenden, werden Sie künftig Ihren inneren Schweinehund immer besser bändigen können.

Elf hilfreiche Regeln

1. Planen Sie realistisch
Setzen Sie Ihre Ziele hoch und herausfordernd, aber nicht unerreichbar. Weniger ist mehr! Fangen Sie klein an und steigern Sie Ihr Pensum kontinuierlich. Frustrieren Sie sich nicht unnötig, indem Sie zu viel wollen und dann vielleicht scheitern.

2. Setzen Sie sich Vortermine
Vielleicht leben Sie nach der Devise: »Ohne Druck kann ich nicht richtig arbeiten.« Machen Sie es sich in diesem Fall zur Gewohnheit, sich eigene Fristen zu setzen. Termine lenken den Blick auf die Tätigkeit und schaffen Prioritäten. Die Erfahrung zeigt, dass das Gehirn nach wenigen Wiederholungen nicht mehr zwischen echten und künstlichen Zeitlimits unterscheiden kann. Aktivieren Sie mit dieser Methode zusätzliche Kräfte!

Eigene Fristen setzen

3. Ändern Sie Ihre Einstellung

Frustrationstoleranz trainieren

Heben Sie Ihre selbstgemachten Grenzen auf. »Es darf auch mal weh tun«, sollte Ihre neue Einstellung werden. Wie viele Vorhaben wurden schon wegen irrationaler Aussagen aufgegeben wie: »Jetzt ist es eh schon egal« oder »Dafür bin ich jetzt zu müde.« Den idealen Zustand, in dem Ihnen alles leicht fällt und Spaß macht, wird es nie geben! Machen Sie einmal ein Experiment, und Sie werden sehen, welche Energien Ihr neuer Grundsatz freisetzt. Frustrationstoleranz ist wie ein Muskel trainierbar und zieht Ihrem inneren Schweinehund die Zähne.

4. Zählen Sie den 3-2-1-Countdown

Trägheit durchstoßen

Um die nötige Energie für den Einstieg in eine Tätigkeit zu bekommen, empfehle ich den 3-2-1-Countdown. Um das Hin- und Herdenken zu unterbrechen, muss es einen Zeitpunkt geben, ab dem Sie Ihre Gedanken voll auf das Handeln ausrichten. Indem Sie einfach »3-2-1« herunterzählen, fangen Sie an, Ihre Gedanken zu bündeln, die dann die Trägheit durchstoßen. Das kann viele Formen annehmen. Sie können sich beispielsweise einfach einen Zeitpunkt für den Beginn einer Arbeit setzen und sich sagen: »Wenn es 17 Uhr ist, beginne ich – egal, wie ich mich dann fühle.«

5. Handeln Sie jetzt

Impulsivität kontrollieren

Es ist nicht sinnvoll, Ihren Schweinehund zu ignorieren. Akzeptieren Sie ihn als Bestandteil Ihrer Persönlichkeit, der Ihnen unnötige Mühsal ersparen will. Es ist aber nicht zweckmäßig, jeder Bemerkung Ihres Energiesparers stattzugeben. Notieren Sie deshalb anfangs alle Einwände während Ihrer Tätigkeit auf einem Blatt und sagen Sie sich: »Danke für den Einwand, ich werde mich später damit befassen!« Damit kontrollieren Sie Ihre Impulsivität und fördern Ihr selbstkontrolliertes Handeln.

6. Nutzen Sie den 15-Minuten-Trick

Mit Arbeitshäppchen starten

Für »schwere« Tage eignet sich folgende Technik: Stellen Sie sich den Wecker auf 15 Minuten. Nach diesen 15 Minuten dürfen Sie eine Pause einlegen. Die Pause sollte allerdings nicht länger als fünf Minuten sein. Beginnen Sie jetzt von neuem. Falls Ihnen die 15 Minuten zu lang erscheinen, dann fangen Sie doch einfach mit fünf Minuten an. Auch hier gilt wieder: Weniger ist mehr. Steigern Sie kontinuierlich Ihre Arbeitszeit.

7. Machen Sie unangenehme Aufgaben durch Wettbewerb spannend

Aufgaben sportlich nehmen

Arbeiten, die Ihnen lästig sind, können aufregend werden, wenn Sie in einen Wettbewerb mit sich selbst treten. Nutzen Sie diese Erkenntnis für die langweiligen Tätigkeiten, um die Sie nicht herumkommen. Viele zählen Arbeiten im Haus dazu. Den Fußboden zu saugen oder das Bad zu putzen, gehört nun mal nicht zu den faszinierendsten Handlungen. Und dennoch müssen sie getan werden. Machen Sie also einen Sport daraus: Messen Sie die Zeit, die Sie zum Saugen eines Stockwerks benötigen, und nehmen Sie sich vor, diese Zeit das nächste Mal zu unterbieten.

8. Feiern Sie schon die kleinsten Erfolge

Sich Gutes tun

Fertigen Sie eine Selbstbelohnungsliste an. Was können Sie sich monatlich Gutes tun – zum Beispiel einen Kinobesuch, einmal Essen gehen usw.? Nichts spornt mehr an als der Erfolg selbst. Hier gilt: Auch die kleinsten Erfolge sollten Sie feiern! Legen Sie keine falsche Bescheidenheit an den Tag, wenn Sie ein selbstgestecktes Ziel erfolgreich erreicht haben. Ihr Selbstvertrauen wird wachsen, und mit der Zeit werden große Herausforderungen für Sie kein Problem mehr darstellen.

9. Halten Sie Tagesschau

Gewöhnen Sie sich an, jeden Tag eine persönliche Tagesschau abzuhalten. Stellen Sie sich am Abend Fragen wie zum Beispiel:

- Was lief gut? Vergessen Sie dabei nicht, sich zu loben.
- Was lief nicht so gut?
- Was können Sie morgen noch besser machen?
- Welche dieser Regeln möchten Sie morgen insbesondere anwenden?

10. Schreiben Sie Versuchungen auf

Typische Ausreden aufschreiben

Wie gut kennen Sie Ihren inneren Schweinehund, der Sie von Ihren neuen Plänen abhalten könnte? Schreiben Sie typische Ausreden wie »Ich kann jetzt nicht, es regnet leider!« auf. So fallen Sie künftig nicht mehr so schnell auf den Schweinehund herein.

11. Verzeihen Sie sich Ausrutscher

Sie haben wieder nachts am Kühlschrank genascht oder sind auf dem Sofa liegen geblieben? Ausrutscher gehören dazu. Falsch wäre es nur, jetzt zu sagen: »Ach, ich habe einmal mein Vorhaben gebrochen, jetzt kann ich auch weiterfuttern.«

Suchen Sie sich einen Coach

Abweichungen gemeinsam beraten

In vielen der beschriebenen Prozesse ist es ausgesprochen hilfreich, jemanden zu haben, der Ihre Situation zu entwirren und zu bewältigen hilft. Besonders in Krisensituationen ist es wichtig, Abweichungen mit einem erfahrenen Coach zu besprechen.

Vorteile des Coachings

Eine gute Coachingbeziehung bringt Ihnen zahlreiche Vorteile. Ein Coach:

- fordert Sie heraus, Ihren Weg zum Erreichen Ihrer Ziele zu kontrollieren.
- hilft Ihnen dranzubleiben.
- ermutigt Sie, den entscheidenden Schritt zu machen, wenn Misserfolge Sie entmutigen und verhindert, dass Sie im entscheidenden Moment das Handtuch werfen.
- kann Ihnen die Augen öffnen für die Chance, die sich hinter der Krise versteckt.
- wird Sie begleiten, wenn Sie sich auf die Suche nach geeigneten Kraftquellen begeben.
- fordert Sie heraus, sich Ihren Ängsten zu stellen.
- hilft Ihnen dabei, den Ängsten mit verschiedenen Fragen ihre destruktive Energie zu nehmen.
- wird Sie unterstützen, nicht den Kopf zu verlieren, wenn der Stress überhand nimmt.
- begleitet Sie, wenn Sie konstruktive Gewohnheiten entwickeln.
- lässt Sie nicht allein, wenn Sie Ihrem inneren Schweinehund begegnen.

Mit dem Coach zu mehr Erfolg

Menschen nutzen Coaching für sich, wenn sie merken, dass Abweichungen in ihrem Leben korrigiert werden müssen. Der Coach ist der zweite Mann oder die zweite Frau an Ihrer Seite. Mit ihm werden Sie Ihren Erfolg steigern können.

Trennen Sie sich, wenn Sie alles ergebnislos versucht haben

Wenn Sie an Grenzen kommen

Vielleicht kennen Sie Sprüche wie »Aufgeben kann man einen Brief, aber nie ein Ziel«. Solche Aussagen stimmen nur halb. Richtig ist, dass Sie beharrlich sein müssen. Wenn Sie aber tatsächlich alles versucht haben und trotz der Ratschläge aus diesem

Buch keinen Zentimeter vorangekommen sind, dann müssen Sie darüber nachdenken, ob das Ziel für Sie wirklich machbar war. Wenn Sie Ihr Ziel nur noch deprimiert, dann kann es sein, dass Sie sich von Ihrem Ziel trennen müssen.

Lösen Sie sich von unerreichbaren Zielen
Von welchem Ziel wollen Sie sich verabschieden?

Schritt 7
Binden Sie Mitstreiter ein

»Allein können Sie viel erreichen. Zusammen mit anderen können Sie alles erreichen.«
Raymond Hull

Zwei Methoden

Prinzipiell gibt es zwei grundverschiedene Methoden, um Ziele zu verwirklichen:

1. Sie können es als Einzelkämpfer versuchen.
2. Sie können Ihre Umwelt gezielt informieren und Weggefährten mit ins Boot nehmen.

Fehler selbst machen

Wenn Sie sich für die erste Methode entscheiden, dann bedeutet dies, dass Sie vor allem durch Rückschläge lernen, viele Fehler selbst machen und auch bei Problemen alleine dastehen. Möglicherweise ist das Leben aber zu kurz, um alle Fehler, die andere schon gemacht haben, noch einmal selbst zu machen.

Von anderen lernen

Wählen Sie den zweiten Weg, dann greifen Sie auf die Erfahrungen anderer zurück. Sie erfinden das Rad nicht neu, vermeiden Fehler, haben Berater, die Ihnen bei Problemen zur Seite stehen bzw. Sie sogar davor bewahren, die Probleme überhaupt zu bekommen. Der zweite Weg erspart Ihnen viel Zeit, Geld und graue Haare.

Das Leben öffnen

Dieses Kapitel ist eine Einladung an Sie, Ihr Leben zu öffnen, andere an Ihren Zielen teilhaben zu lassen und von den daraus erwachsenden Vorteilen zu profitieren:

- Wenn Sie sich mit Menschen umgeben, in deren Wissen und Urteilsvermögen Sie Vertrauen haben, können Sie an deren Lebenserfahrung Anteil nehmen.

Wertvolle Impulse

– Wenn Sie Gesprächspartner finden, die Ihre Ziele aus einer interessanten Perspektive betrachten, können Sie wertvolle Impulse gewinnen.
– Wenn Sie sich mit Personen beraten, welche die vor Ihnen liegenden Aufgaben bereits durchlebt und gemeistert haben, verringern Sie die Gefahr falscher Entscheidungen.
– Wenn Sie sich mit anderen verbünden, können Sie gemeinsam mehr leisten als jeder für sich allein.

Was Sie erfahren werden

Auf den folgenden Seiten erfahren Sie,
– welche vier Arten von Beziehungen Sie nutzen können,
– wie Sie von einem Coach profitieren,
– wie Sie Mitstreiter für Ihre Ziele gewinnen,
– welche Erfolgsvoraussetzungen Sie sicherstellen müssen,
– wie Sie mit Konflikten umgehen,
– wie Sie sich wirksam mit anderen abstimmen,
– wie Sie durch Vergebung mit anderen und mit sich selbst im Reinen bleiben.

Sind Sie selbst überzeugt?

Bevor Sie sich nun aber auf die Suche nach Mitstreitern machen, sollten Sie mit sich selbst eine wichtige Voraussetzung klären: Sind Sie vom Sinn und Nutzen Ihres Zieles völlig überzeugt und können Sie die Verwirklichung gar nicht erwarten? Nur dann sind Sie in der Lage, andere auf Ihre Seite zu ziehen. Kirchenvater Augustinus brachte diese Notwendigkeit auf den Punkt, indem er sagte: »In dir muss brennen, was du in anderen entzünden willst.«

Benennen Sie Ziele, bei denen Sie Unterstützung brauchen

Welche drei Ihrer Ziele wollen oder können Sie gemeinsam sehr viel besser erreichen als allein?

1. ______________________________

2. ______________________________

3. ______________________________

Nutzen Sie vier Arten von Beziehungen

Ihr Alltag ist von Beziehungen durchwoben: Im Büro haben Sie mit Kollegen und Vorgesetzten zu tun, privat treffen Sie sich mit Freunden und Bekannten. Nehmen Sie Ihre Beziehungen einmal genauer unter die Lupe, dann lassen sich vier verschiedene Beziehungstypen unterscheiden:

Aufwärtsbeziehung

1. Es gibt Kontakte, die überwiegend dadurch geprägt sind, dass Sie von den Gesprächspartnern etwas lernen. Zu diesen Gesprächspartnern zählen etwa Mentoren, Coaches, gute Vorgesetzte, Seelsorger und Lehrer. Man spricht hier von einer *Aufwärtsbeziehung.*

Abwärtsbeziehung

2. Bei anderen Beziehungen verhält es sich genau umgekehrt: Sie fungieren als jemand, der Orientierung vermittelt oder Rat gibt. Dies ist überall dort der Fall, wo Sie selbst die Rolle als Mentor oder Vorgesetzter einnehmen *(Abwärtsbeziehung).*

Interne Seitwärtsbeziehung

3. Wieder andere Verbindungen sind davon geprägt, dass Sie sich gemeinsam mit Ihrem Gesprächspartner – zum Beispiel einem Kollegen – auf einer Ebene bewegen. Sie haben in etwa die selbe Entwicklungsstufe und Verantwortlichkeit. Kommt Ihr Gesprächspartner aus der gleichen Institution wie Sie, spricht man von einer *internen Seitwärtsbeziehung.*

Externe Seitwärtsbeziehung

4. Stammt Ihr Gesprächspartner, mit dem Sie sich in etwa auf einer Stufe befinden, dagegen aus einer anderen Institution, spricht man von einer *externen Seitwärtsbeziehung.*

Dies ist beispielsweise bei einem Freund der Fall, den Sie aus dem Studium kennen und der einen ähnlichen Beruf ausübt wie Sie – bloß in einem anderen Unternehmen.

Vier Typen von Beziehungen

Regeln für die Gestaltung

Sie haben nun die Möglichkeit, diese vier verschiedenen Beziehungstypen zu nutzen, um Ihre Ziele besser oder schneller zu erreichen. Am besten funktioniert dies, wenn Sie die jeweiligen Beziehungen bewusst gestalten und dabei einige Regeln beachten:

- *Aufwärtsbeziehung:* Erwarten Sie nicht zu viel, lassen Sie sich lieber positiv überraschen. Gehen Sie auch mal in die Offensive: Fragen Sie, suchen Sie, haken Sie nach.
- *Abwärtsbeziehung:* Beobachten Sie Ihren Gesprächspartner und fördern Sie seine Entfaltung. Machen Sie sich bewusst, dass Ihr Handeln und Unterlassen Vorbildcharakter hat. Erweitern Sie den Erfahrungsraum Ihres Gegenübers, indem Sie ihn an der Verwirklichung Ihrer Ziele beteiligen.
- *Interne und externe Seitwärtsbeziehung:* Unterstützen Sie sich gegenseitig dabei, Ihre Ziele zu erreichen. Suchen Sie den Erfahrungsaustausch mit Blick auf methodische, fachliche und soziale Kompetenzen. Achten Sie auf ein ausgewogenes Verhältnis von Geben und Nehmen.

Für alle vier Typen gilt:

- Vereinbaren Sie gemeinsame Ziele für die Beziehung.
- Nehmen Sie sich genug Zeit, die Beziehung aufzubauen und zu pflegen.
- Klären Sie den Grad der Vertraulichkeit.

- Bestimmen Sie die Regelmäßigkeit der Treffen oder Telefonate.
- Legen Sie gemeinsam einen Zeitraum für die Beziehung fest.
- Überprüfen Sie die Qualität der Beziehung von Zeit zu Zeit.

Kategorisieren Sie Ihre Beziehungen

Wenn Sie Ihre momentane Situation betrachten: Welche Sorte von Beziehungen unterhalten Sie bereits? Mit welchen Menschen?

Aufwärtsbeziehung: ______________________________

Abwärtsbeziehung: ______________________________

Interne Seitwärtsbeziehung: ______________________________

Externe Seitwärtsbeziehung: ______________________________

Sehen Sie sich nun Ihre drei Ziele an, die Sie gemeinsam viel besser erreichen können. In welcher Weise nutzen Sie die bereits vorhandenen Beziehungen für Ihre Ziele?

Aufwärtsbeziehung: ______________________________

Abwärtsbeziehung: ______________________________

Interne Seitwärtsbeziehung: ______________________________

Externe Seitwärtsbeziehung: ______________________________

Welche Ideen bzw. Wünsche haben Sie, um etwaige Beziehungslücken zu schließen?

Aufwärtsbeziehung: ______________________________

Abwärtsbeziehung: ______________________________

Interne Seitwärtsbeziehung: ______________________________

Externe Seitwärtsbeziehung: ______________________________

Profitieren Sie von einem Coach

Professionelle Anleitung auf Zeit

Manchmal helfen einem die vorhandenen Aufwärtsbeziehungen nicht mehr weiter. In diesen Fällen kann es sinnvoll sein, einen Coach zu suchen, um innerhalb eines befristeten Zeitraums Ideen und Fragen unter professioneller Anleitung zu beraten.

Sie kennen den Begriff Coaching aus dem Sport. Dort geht es darum, Leistung weiterzuentwickeln bzw. die Leistungsfähigkeit des Sportlers zu steigern. In den 1980er-Jahren fand der Begriff Eingang in die Wirtschaftswelt. Der Coach unterstützt Führungskräfte und Teams darin, sicher und schnell definierte Ziele zu erreichen. Inzwischen gibt es auch Coachs, die sich auf das Thema Zielmanagement spezialisiert haben. Es lohnt sich, mit dem Coaching nicht etwa bis zu einer Krisensituation zu warten, sondern beispielsweise Aufgaben wie Zielfindung und Zielerreichung zu bearbeiten und damit Krisen vorzubeugen.

Beispiele für Coaching-Themen

Besucher der Website www.ziele.de haben beispielsweise Coaching in Anspruch genommen zu Themen wie:

- *Reflektieren der Lebensvision*
  (»Helfen Sie mir dabei, eine Perspektive für mein Leben zu finden.«)
- *Definition von Zielen*
  (»Ich möchte genau wissen, welche Ziele ich im kommenden Jahr verfolgen soll.«)
- *Umsetzungshilfen und Umsetzungsbegleitung*
  (»Wie kann ich es schaffen, an meinen Zielen kontinuierlich dranzubleiben?«)
- *Gewohnheitsänderungen*
  (»Ich weiß, dass ich Gewohnheiten in meinem Leben verändern muss. Bitte helfen Sie mir dabei.«)

Von der Ausgangssituation zum Ziel

Absicht einer jeden Coachingbeziehung ist es, ein Problem zu lösen. Dies kann auch heißen, die eigene Position zu klären oder einfach besser zu werden. In der Regel gibt es eine spezifische Ausgangssituation sowie eine definierbare Zielsetzung, die Sie mit Unterstützung Ihres Coaches erreichen wollen.

Ob Coaching mit Blick auf Ihre Ziele auch für Sie sinnvoll sein kann, zeigt die folgende Abbildung.

Zielklarheit und Zielerreichung

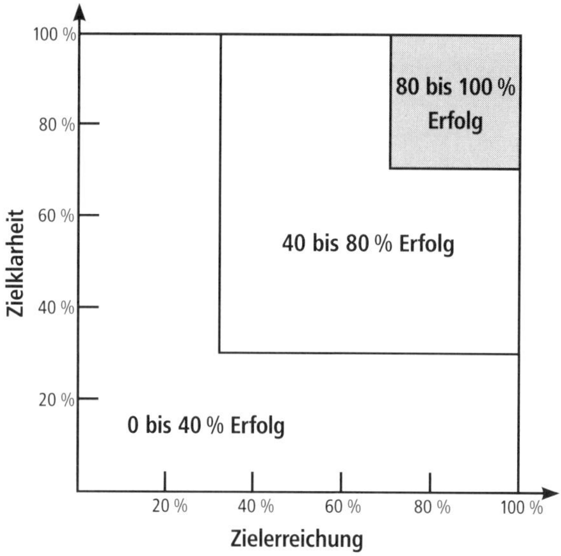

Bestimmen Sie Ihre Position

Wo stehen Sie in Bezug auf Ihre Zielklarheit?

□ 20 % □ 40 % □ 60 % □ 80 % □ 100 %

Wie schätzen Sie den Grad Ihrer Zielerreichung ein?

□ 20 % □ 40 % □ 60 % □ 80 % □ 100 %

Auswertung

Tragen Sie beide Werte in die Grafik ein:

- Befindet sich Ihr Kreuz im Feld »20 bis 40 % Erfolg« sollten Sie mit Hilfe eines Coaches Ihre Zielklarheit deutlich verbessern und sich auch bei der Zielerreichung begleiten lassen. Die Erfolgswahrscheinlichkeit Ihrer Ziele wird sich dramatisch erhöhen.
- Sollten Sie das Kreuz im Feld »40 bis 80 % Erfolg« gesetzt haben, dann haben Sie schon sehr viel erreicht. Ein Coach kann mit Ihnen an den Schwachstellen arbeiten und die Erfolgswahrscheinlichkeit steigern.
- Wenn sich Ihre Markierung im grau unterlegten Feld befindet, werden Sie mit einer hohen Wahrscheinlichkeit Ihre Ziele erreichen. Sind Ihre Ziele anspruchsvoll genug? Wenn ja: Bravo!

Gewinnen Sie Mitstreiter durch kooperatives Verhalten

Es gibt Ziele, bei denen macht es einfach mehr Spaß, sie gemeinsam zu erreichen. Andere Ziele sind so groß bzw. so abhängig von äußeren Gegebenheiten, dass Sie es nicht schaffen werden, diese Ziele als Einzelkämpfer zu verwirklichen. Sie brauchen Unterstützer, die Ihnen helfen.

Mehr Gegner als Förderer

Doch es ist oft leichter gesagt als getan, gute Mitstreiter zu gewinnen. Die Erfahrung lehrt: Wer etwas unternimmt, hat schnell mehr Menschen gegen sich, als er Förderer gewinnt.

Beispiel »The Gates«

Der Künstler Christo musste sich beispielsweise immer wieder mit unzähligen Landes- und Bundespolitikern, Bürgermeistern, Stadtratsmitgliedern, Journalisten, Mitarbeitern von Versicherungsgesellschaften, Polizeichefs und Umweltschützern treffen, bis er seine Ziele realisieren konnte. So schlug er das Projekt »The Gates« im New Yorker Central Park bereits im Jahre 1979 vor. Mehr als zwei Jahrezehnte lang musste er kämpfen, um Bedenkenträger zu überzeugen und die entscheidenden Personen zu Mitstreitern zu machen. Erst 2003 war der amtierende Bürgermeister, Michael R. Bloomberg, in der Lage, grünes Licht zu geben; im Februar 2005 schließlich konnten die Christo-Fans »The Gates« erleben.

**Überlegen Sie gut im Vorfeld,
wen Sie auf welche Weise auf Ihre Ziele ansprechen.**

Zwang führt zum Scheitern

Schließlich können Sie niemanden dazu zwingen, Ihre Vorhaben zu unterstützen. »Ich weiß, wo es lang geht, folge mir«, dieses Prinzip funktioniert bestenfalls in der Armee. Dort gibt es aber auch ein geregeltes Befehlssystem, und alle Beteiligten wissen, dass dieses System zu ihrem Schutz funktioniert. In der Armee muss man seinem Vorgesetzten gehorchen und vertrauen. Allerdings ist es selbst in der Armee so, dass ein Offizier bei seinen Soldaten um Verständnis werben muss. Wenn Sie anderen Menschen Ihre Ziele autoritär aufzwingen wollen, werden Sie vermutlich rasch scheitern.

Nun sind Sie aber auch gar nicht darauf angewiesen, ein autoritäres Verhalten an den Tag zu legen, denn es gibt eine viel bessere

Möglichkeit, Mitstreiter zu gewinnen: die Kooperation. Wie groß die Unterschiede zwischen beiden Kommunikationsstilen sind, geht aus der folgenden Gegenüberstellung hervor.

Autoritär versus kooperativ

Kommunikationsstil	**Autoritär**	**Kooperativ**
Kommunikationsziel	Zielvorgabe	Zielvereinbarung
Führungsmittel	Kontrolle	Motivation
Leistungsdauer	Kurzfristig	Langfristig
Wirkung auf Ihr Gegenüber	Unzufriedenheit	Zufriedenheit

Die Erfolgsaussichten Ihrer Gespräche steigen, wenn Sie folgende Ratschläge beherzigen:

Kein Monolog

- Achten Sie darauf, nicht in einen Überzeugungsmonolog zu verfallen, frei nach dem Motto: Wie überrede ich meinen Gesprächspartner, sich für meine Ziele zu engagieren (Ziele-Diktat).

Nutzen bieten

- Denken Sie nicht nur an sich, sondern zeigen Sie auf, wo für Ihr Gegenüber Vorteile entstehen, wenn das Ziel verwirklicht wird. Beispielsweise lockte das Christo-Projekt »The Gates« viele Besucher aus dem In- und Ausland nach New York, was sich sehr positiv auf das Hotelgewerbe und damit auch auf die Steuereinnahmen auswirkte. Für die Vertreter der entsprechenden Interessengruppen hatte Christo also überzeugende Argumente parat. Das Bieten und Ernten von Nutzen steht in einem direkten Zusammenhang.

Klar formulieren

- Formulieren Sie Ihre Ziele plausibel und nachvollziehbar. Sonst scheitern Sie bereits an den Voraussetzungen dafür, überhaupt verstanden zu werden. Wenn Sie jemanden für eine gemeinsame Sache gewinnen wollen, muss Ihr Gesprächspartner das Vorhaben auch begreifen.

Dran bleiben

- Halten Sie den Kontakt. Der Fall ist nicht erledigt, nur weil Sie einmal darüber gesprochen haben. Sie werden auf Menschen treffen, die zu Ihren Ideen »Ja, prima!« sagen, aber danach nicht einen einzigen Finger rühren.

Stellen Sie die Erfolgsvoraussetzungen sicher

Dass sich der Erfolg beim gemeinsamen Verwirklichen Ihrer Ziele nicht von allein einstellt, ist Ihnen klar. Aber wissen Sie auch, welche Faktoren den Erfolg ausmachen? Je genauer Sie diese Bestandteile kennen und für deren Verfügbarkeit sorgen, desto besser wird es Ihnen gelingen, den Erfolg zu sichern.

Fünf Voraussetzungen

Die fünf wesentlichen Elemente sind:

1. Eine faszinierende Vision
2. Fachliche, methodische und soziale Qualifikationen
3. Anreize, Belohnungen
4. Ausreichende materielle Ressourcen
5. Aktionsplan

Sind diese Voraussetzungen vorhanden, steht der Zielerreichung nichts mehr im Wege. Fehlt jedoch eine der »Zutaten«, steht am Ende nicht das Ziel, sondern ein mageres Ergebnis, das keinen der Beteiligten zufriedenstellt:

Wenn ein Element fehlt

Vision + Qualifikation + Belohnung + Ressourcen + Plan	**= Zielerreichung**
~~Vision~~ + Qualifikation + Belohnung + Ressourcen + Plan	= blinder Aktionismus
Vision + ~~Qualifikation~~ + Belohnung + Ressourcen + Plan	= Überforderung
Vision + Qualifikation + ~~Belohnung~~ + Ressourcen + Plan	= Demotivation
Vision + Qualifikation + Belohnung + ~~Ressourcen~~ + Plan	= Frustration
Vision + Qualifikation + Belohnung + Ressourcen + ~~Plan~~	= Chaos

(In Anlehnung an eine Idee von Eicher Logistik Training, www.e-l-t.de)

Wenn jemand seine Ziele in der Regel erreicht, ist dies also nicht das Ergebnis glücklicher Umstände. Sondern der Erfolg ist darauf zurückzuführen, dass er diese fünf Faktoren kennt und nutzt.

Gehen Sie mit Konflikten richtig um

Menschen machen Fehler

Wenn Sie die eben beschriebenen fünf Erfolgsvoraussetzungen sichergestellt haben, ist damit noch nicht gesagt, dass Sie das gewünschte Ergebnis auch tatsächlich erzielen. Grund ist der menschliche Faktor: Wo gehobelt wird, da fallen Späne. In Bezug auf die Arbeit an Ihren Zielen kann dies bedeuten, dass Mitstreiter unabsichtlich Fehler machen, die für Sie sehr schmerzhaft sind.

Nicht öffentlich schimpfen

Werden Sie nun wütend und machen Ihrem Ärger über die betroffene Person öffentlich Luft, dann kann dies die Beziehung zerrütten und sich auch auf die anderen Beteiligten negativ auswirken. Mancher bekommt vielleicht Angst, selbst einen Fehler zu machen und Ihren Wutanfall ertragen zu müssen. Andere verlieren womöglich die Lust, mit Ihnen zu arbeiten. Zudem ist es unbeherrscht und unhöflich, jemanden vor allen Leuten bloßzustellen.

Ratschläge für Kritikgespräche

Wenn Sie Anlass zu Kritik haben, dann atmen Sie erst einmal tief durch und beachten Sie bei Ihrer Reaktion folgende Punkte:

- *Reagieren Sie schnell, aber nicht sofort.*
  Warten Sie zu lange, denkt der Mitarbeiter, Sie hätten den Fehler gar nicht bemerkt. Reagieren Sie zu schnell, sind Sie eventuell unbeherrscht und lassen sich zu Äußerungen hinreißen, die Ihnen später Leid tun.
- *Fragen Sie nach.*
  Versuchen Sie zu verstehen, wie es zu dem Fehler kommen konnte. Hat es der Betroffene nicht *gekonnt* oder einfach nicht *gewollt?* Im ersten Fall war vielleicht der Zeitrahmen zu eng gesteckt oder es kam zu unvorhergesehenen Zwischenfällen. Dann ist keine Kritik nötig.
- *Äußern Sie sich sachlich und konkret.*
  Benennen Sie das Problem beim Namen. Untermauern Sie Ihre Wahrnehmungen mit überzeugenden Beispielen.
- *Fassen Sie sich kurz.*
  Walzen Sie Kritik nicht aus. Innerhalb einer Minute sollten Sie Ihre Kritik vorgebracht haben.
- *Bitten Sie um eine Idee.*
  Fordern Sie den Gesprächspartner dazu heraus, selbst eine Idee zu entwickeln, wie das Problem gelöst werden kann. Dies fördert seine Selbstständigkeit und stärkt sein Selbstwertgefühl.

- *Blicken Sie gemeinsam wieder nach vorn.*
  Wenn Sie Ihre Kritik geäußert haben, weiß der Mitstreiter, woran er ist. Lassen Sie Ihren Gesprächspartner spüren, dass die Sache nun erledigt ist. Konzentrieren Sie sich nun wieder beide auf das gemeinsame Vorhaben.

Stimmen Sie sich wirksam mit anderen ab

Wie viel Zeit verschwendet wird

Tag für Tag wird in zahllosen Sitzungen auf der ganzen Welt unglaublich viel Zeit vertrödelt, weil

- die Treffen schlecht vorbereitet sind,
- die Gesprächsteilnehmer sich zu Themen äußern, die mit dem Sitzungsanlass gar nichts zu tun haben,
- vereinbarte Ergebnisse nicht dokumentiert und im Auge behalten werden.

Wenn Sie gemeinsam mit anderen arbeiten, können Sie aber nicht einfach auf Sitzungen verzichten. Sie *müssen* sich immer wieder abstimmen. Im Interesse Ihres Zieles und zugunsten aller Beteiligten sollten Sie aktiv zum Gelingen dieser Treffen beitragen und Fehler, die häufig gemacht werden, vermeiden.

Drei Aufgaben verteilen

Einigen Sie sich zu Beginn darauf, wer welche der folgenden drei Aufgaben übernimmt:

1. *Moderator*
   Der Moderator leitet die Sitzung. Er ist in der Regel derjenige, der die Tagesordnung erstellt hat. Geben Sie ihm eine Fahrradhupe in die Hand. Immer dann, wenn ein Teilnehmer vom Thema abschweift, wird gehupt.
2. *Protokollführer*
   Ich empfehle Ihnen, das Protokoll gleich während des Treffens zu schreiben. Es geht nicht um gelungene Formulierungen, sondern es reichen Stichpunkte. Legen Sie bei Aufgaben fest: *Was* geschieht durch *wen* bis *wann?* Nutzen Sie entweder einen Laptop, der per Beamer die Aufzeichnungen an die Wand wirft. Oder schreiben Sie einfach auf ein Blatt Papier, das so wie im Beispiel strukturiert sein kann. Wichtig ist, dass das Protokoll am Ende der Sitzung gleich verteilt wird (Computerdatei mehrfach ausdrucken bzw. handschriftliche Notizen kopieren).

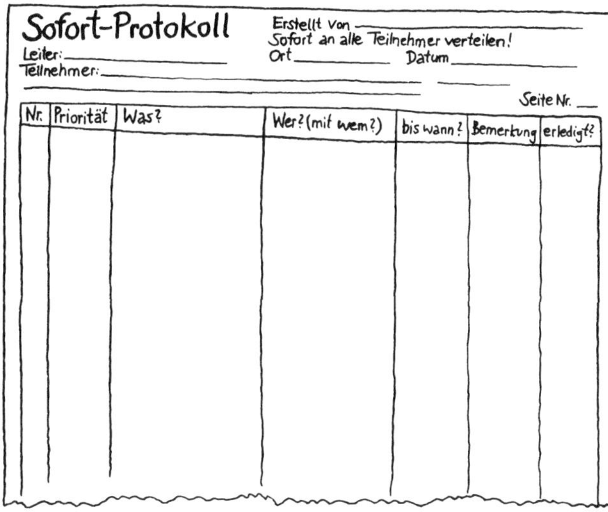

Sofort-Protokoll
Erstellt von
Sofort an alle Teilnehmer verteilen!
Leiter:
Ort
Datum
Teilnehmer:
Seite Nr.

Nr.	Priorität	Was?	Wer? (mit wem?)	bis wann?	Bemerkung	erledigt?

3. *Zeitnehmer*
   Mit einer Stoppuhr in der Hand kontrolliert der Zeitnehmer, dass Wortbeiträge eines Teilnehmers maximal 90 Sekunden dauern. Ist das Limit erreicht, borgt sich der Zeitnehmer vom Moderator die Hupe und gibt ein Signal.

Themen vorab schriftlich skizzieren

Schriftlichkeit fördert die gedankliche Klarheit. Haben Sie die Sitzungsleitung in der Hand, bitten Sie die Teilnehmer, ihre Anliegen vorab schriftlich zu skizzieren. In der Sitzung wird dann über diese Punkte gesprochen. Wenn es ein Thema nicht wert ist, in zwei oder drei Sätzen schriftlich vorbereitet zu werden, dann ist es dieser Punkt auch nicht wert, darüber in der Sitzung zu diskutieren.

Bleiben Sie durch Vergebung im Reinen

Enttäuschungen bleiben nicht aus

Machen Sie sich klar: Beim gemeinsamen Verwirklichen von Zielen werden Sie früher oder später enttäuscht werden. Sei es, weil die einen nicht mit dem selben Eifer bei der Sache sind, sei es, weil andere plötzlich die Seiten wechseln und gegen Sie arbeiten.

Suchen Sie in solchen Fällen rasch ein klärendes Gespräch. Tun Sie dies nicht, dann gärt in Ihnen ein Gefühl des Unbehagens, das sich zu einer Wut steigern kann, die Ihnen Kraft raubt und Sie daran hindert, mit vollem Einsatz an Ihren Zielen zu arbeiten.

Vergebung statt Rache suchen

Wurden Sie enttäuscht oder verärgert, dann sinnen Sie nicht auf Rache. Dadurch würde die Angelegenheit nur eskalieren – Ihren Zielen kommen Sie jedoch keinen Schritt näher. Versuchen Sie lieber, den Vorfall zu klären und dem »Übeltäter« zu verzeihen. Sonst laufen Sie Gefahr, dass die Kränkung und Verletzung seelische Spuren hinterlässt und Sie letztlich den Kürzeren ziehen.

Vergeben bedeutet nicht, Schwäche zu zeigen. Vergeben heißt, auf Vergeltung zu verzichten, um sich nicht selbst den destruktiven Folgen ständiger Wutanfälle und Hassgefühle auszuliefern.

Wer auf Dauer nachtragend ist, schadet sich selbst.

Verzeihen führt zu seelischem Wohlbefinden und körperlicher Ausgeglichenheit. Dabei geht es nicht darum, das Erlebte zu ignorieren oder wie mit einem Schwamm wegzuwischen. Ob Sie das Geschehene *vergessen* wollen, müssen Sie für sich selbst entscheiden. Dass Sie versuchen zu *vergeben,* sollte dagegen keine Frage sein.

Fünf Phasen: REACH

Vergeben erfolgt in fünf Phasen, die im Wort *REACH* zusammengefasst sind. Sie werden sehen: Vergebung ist erlernbar und grundlegend für ein kraftvolles und dauerhaftes Anpacken Ihrer Ziele.

Finden Sie zur Vergebung

Wenn Sie an Ihre Ziele denken, die Sie gemeinsam mit anderen erreichen wollen: Wo wurden Sie so stark verletzt, dass Ihnen der Ärger nicht mehr aus dem Kopf geht?

1. ______________________________

2. ______________________________

3. ______________________________

Reflexion: Was haben Sie dazu beigetragen, dass jemand Sie so verletzen konnte?

1. ______________________________

2. ______________________________

3. ______________________________

Einfühlung: Welchen Grund hatte der andere, um so zu handeln? In welcher Verfassung war er damals? Können Sie die Umstände und Auslöser nachvollziehen? Können Sie Verständnis für die damalige Situation aufbringen?

1. ______________________________

2. ______________________________

3. ______________________________

Abschied nehmen: Schaffen Sie es – ggf. nach einem klärenden Gespräch –, loszulassen? Sind Sie bereit, einen Schlussstrich zu ziehen?

1. ______________________________

2. ______________________________

3. ______________________________

Contract (Selbstverpflichtung): Nehmen Sie sich selbst in die Pflicht, ein gutes Leben zu führen, indem Sie belastende Hassgefühle abwerfen und tatsächlich verzeihen?

1. ______________________________

2. ______________________________

3. ______________________________

Haltbarkeit: Können Sie Ihre Entscheidung zu verzeihen langfristig akzeptieren und aufsteigenden Erinnerungen aus dem Weg gehen?

1. ______________________________

2. ______________________________

3. ______________________________

Stichwort- und Namenverzeichnis